4
5
6
7
9
12

KATRIN POKAHR

Herr Hütchen sagt Gute Nacht

Wenn du magst, kannst du nach jedem gelesenen Kapitel ein Bild vom Bogen hinten im Buch vorne auf der Doppelseite einkleben – oder du malst die Felder einfach bunt aus.

Viel Spaß!

Dieses Buch lesen

....

....

&

....

....

Katrin Pokahr

Herr Hütchen sagt Gute Nacht

Einschlaf-Geschichten aus dem Wald

Mit Bildern von Barbara Scholz

BAUM HAUS

Weitere Titel der Autorin:
Ferdi & Flo – Der kleine Otter lernt schwimmen
Ferdi & Flo 2 – Große Hilfe für kleine Küken
Voll molliwollig – Ein Schaf kommt selten allein
Tschüss, Kindergarten! Ich bin bald ein Schulkind
Die kleine alte Dampflok – Von Gleis 3 um die Welt

NACHHALTIG PRODUZIERT

Die Bastei Lübbe AG verfolgt eine nachhaltige Buchproduktion. Wir verwenden Papiere aus nachhaltiger Forstwirtschaft und verzichten darauf, Bücher einzeln in Folie zu verpacken. Wir stellen unsere Bücher in Deutschland und Europa (EU) her und arbeiten mit den Druckereien kontinuierlich an einer positiven Ökobilanz.

FSC www.fsc.org MIX Papier | Fördert gute Waldnutzung FSC® C011124

Originalausgabe

Bei Fragen zur Produktsicherheit wenden Sie sich bitte an:
Produktsicherheit@bastei-luebbe.de

Textredaktion: Nathalie Dörpinghaus
Umschlagmotiv und Innenillustrationen: Barbara Scholz
Umschlaggestaltung: Guter Punkt, München | www.guter-punkt.de
unter Verwendung einer Illustration von Barbara Scholz
Satz: two-up, Düsseldorf
Gesetzt aus der Goudy
Druck und Verarbeitung: Mohn Media Mohndruck GmbH, Gütersloh

Printed in Germany
ISBN 978-3-8339-1031-9

1 3 5 4 2

Inhalt

Ein Eichelmännchen namens Herr Hütchen

Jeden Abend bringt ein freundlicher kleiner Nachtwächter die Tiere des Waldes ins Bett: das Eichelmännchen. Es hat einen flauschigen Mantel aus Weidenkätzchen an und trägt ein Eichelhütchen auf dem Kopf. Das gibt dem Eichelmännchen auch seinen Namen: Herr Hütchen.

Bestimmt fragst du dich jetzt, was ein Eichelmännchen eigentlich ist.

Wenn im Herbst die Eicheln auf den Waldboden fallen, wachsen aus ihnen Wurzeln und Blätter, und sie werden zu neuen Eichen. Manchmal aber wächst aus einer Eichel keine Wurzel, sondern ein kleiner Fuß! Dann wird es ein Eichelmännchen oder auch ein Eichelweibchen. Ist es ausgewachsen, zieht es in den Stamm dieser Eiche ein und wird Nachtwächter oder Nachtwächterin im Wald. Wie Herr Hütchen.

Damit die Tiere wissen, dass Schlafenszeit ist, klingelt er mit einer Glockenblume. Alle hören das Bimmeln, egal, wo sie gerade sind, und laufen in ihr Zuhause. Hinter sich her

zieht Herr Hütchen ein Wägelchen voller Leuchtpilze, die er im Wald verteilt. So stolpert im Dunkeln niemand über eine Wurzel oder stößt mit einem Baum zusammen.

Aber obwohl es Zeit ist, ins Bett zu gehen, können die Tiere oft einfach nicht einschlafen. Es kann sogar sein, dass sie bärenmüde sind von den Erlebnissen des Tages und trotzdem nicht in den Schlaf finden: das Wiesel, weil es sein Schlaftier sucht. Die Maus, weil sie nicht allein schlafen möchte. Der Fuchs, weil er sich mit dem Eichhörnchen gestritten hat.

Wie gut, dass es Herrn Hütchen gibt. Er hört den Tieren zu und nimmt sie in den Arm. Und ganz gleich, was sie wachhält, er weiß, was zu tun ist. Am Ende singt er sein Gutenachtlied, und jedes Tier kann beruhigt einschlafen. Dann macht er sich wieder auf den Weg, um im Wald nach dem Rechten zu sehen und über den Schlaf der Tiere zu wachen.

Herr Hütchen

Das ist Herr Hütchen. Er ist ein freundliches Eichelmännchen, das gern selbst gemachten Beerentee trinkt und im Garten Leuchtpilze züchtet. Manchmal kitzelt es ihn unter dem Hütchen, dann hat er meistens einen guten Einfall.

Er mag die Nächte im Wald, wenn der Mond auf die Buschwindröschenwiese scheint, und Marmelade aus Waldbeeren zum Frühstück. Wie alle Eichelmännchen ist er ein Nachtwächter und findet, dass es keinen schöneren Beruf gibt. Wenn es hell wird und die Tiere erwachen, ist seine Arbeit getan. Dann wandert er nach Hause, kocht Tee und liest. Sein Bücherregal ist so voll, dass man nur ein Buch hineinstellen kann, wenn man ein anderes herausnimmt. Praktisch, denn so hat man immer etwas zu lesen in der Hand.

Wenn Herrn Hütchen die Augen zufallen, legt er sich in seine Hängematte und schläft, bis es Abend ist.

Er wohnt zusammen mit dem Weckkäfer Klickklack in der ältesten Eiche im Wald. Wo die liegt, weiß jedes Tier: am Wedelwald und den schiefen Kiefern vorbei, über den Löwenzahnhügel, schon ist man da.

Der Weckkäfer Klickklack

Klickklack weckt Herrn Hütchen jeden Abend, damit der pünktlich seine Runde durch den Wald beginnen kann. Klickklack ist ein Weckkäfer und nimmt seinen Beruf sehr ernst: Vor vielen Jahren hat er für eine Lerche gearbeitet, die stets aufstand, bevor er klingelte. Er war empört und kündigte – und hat seitdem leider etwas gegen Lerchen.

Klickklack reinigt gern sein Uhrwerk und isst dabei Fichtennadelbonbons. Manchmal begleitet er Herrn Hütchen auf seinen nächtlichen Runden durch den Wald.

Als Weckkäfer legt er natürlich Wert auf Pünktlichkeit und wäre zufrieden, wenn jede Nacht nach Plan liefe. Doch in einem Wald voller Tiere kann man nichts planen: Die Tiere gehen mal früher, mal später ins Bett oder können nicht einschlafen. Es ist zum Brummigwerden, findet Klickklack. Und so ist er auch häufig brummig.

Trotzdem hat er das Herz auf dem rechten Fleck, nämlich hinter dem Uhrwerk. Eigentlich mag er die Tiere gern und hat nur den Wunsch, dass sie genug schlafen.

Kapitel 1

Der Höhlenstreit

Der Eingang zum Fuchsbau war im Dunkeln gut zu sehen. Hier stellte Herr Hütchen immer einen besonders hellen Leuchtpilz auf, nachdem er eines Abends genau an dieser Stelle gestolpert war und sich den rechten Fuß verknackst hatte. Seitdem war der Fuß etwas empfindlich und zwickte, wenn sich Regen ankündigte.

Im Licht sah er den Fuchs, der mitten im Eingang lag. Herr Hütchen läutete sachte mit der Glockenblume, als er näher kam.

»Guten Abend, lieber Fuchs! Warum bist du so spät noch hier draußen?«, fragte er.

Der Fuchs rührte sich nicht. Die weiche Schnauze ruhte auf den Pfoten, und er blickte traurig in die Nacht.

»Ich kann nicht schlafen!«, murmelte er.

»Bestimmt fehlt dir nur die richtige Gutenachtgeschichte«, sagte das Eichelmännchen.

Der Fuchs liebte es, vor dem Einschlafen Geschichten zu hören. Und Herr Hütchen liebte es, welche zu erzählen. »Heute erzähle ich dir die von der Prinzessin, die ihren besten Freund rettete. Der war nämlich von einer Räuberbande auf den höchsten Berg entführt worden. Die Prinzessin nahm ihr Schwert und ritt los, um ihn zu befreien, denn das tun Freunde füreinander ...«

Der Fuchs stieß einen tiefen Seufzer aus. »Mich würde keiner befreien! Weil ich nämlich keinen Freund habe.«

»Aber das Eichhörnchen ist doch dein Freund!«, erwiderte Herr Hütchen überrascht.

Die beiden tobten jeden Abend durch den Wald, wenn die Leuchtpilze aufgestellt und alle Tiere längst zu Hause waren.

Der Fuchs steckte die Schnauze in ein Grasbüschel. »Jetzt nicht mehr!«, sagte er mit dumpfer Stimme.

»Was ist passiert?«, fragte das Eichelmännchen.

»Sag ich nicht.« Der Fuchs legte eine Pfote über die Augen.

Herr Hütchen setzte sich neben ihn auf einen Stein. Er begann, den Fuchs hinter dem linken Ohr zu kraulen, denn das hatte

der gern. »Vielleicht geht's dir besser, wenn du mir erzählst, was los ist.«

Der Fuchs nuschelte etwas ins Gras, das sich ungefähr so anhörte: »Wrhmnsgstrttn!«

»Wie bitte?«

Der Fuchs riss die Pfote von den Augen und zog mit einem Ruck die Schnauze aus dem Gras. »Wir haben uns gestritten! Und das Eichhörnchen ist nicht mehr mein Freund!«, erklärte er aufgebracht.

»Wie schade!«, sagte Herr Hütchen, der durch die schnelle Bewegung fast vom Stein gefallen wäre. »Wie ist das passiert?«

»Wir wollten heute zusammen eine Höhle bauen, die

beste Höhle im Wald.
Wir haben den ganzen Tag Baumaterial gesammelt: Stöcke und Federn und Blätter und Moos.«

Bei der Erinnerung daran, wie viel Spaß es gemacht hatte, gemeinsam durch den Wald zu rennen und alles zusammenzutragen, lächelte der Fuchs.

»Dann haben wir überlegt, was für eine Höhle wir bauen. Ich war für eine unter der Erde. Ist doch klar, das sind die besten Höhlen, das weiß ich als Fuchs genau! Das Eichhörnchen hat gesagt: Die besten Höhlen sind in einem Baum und heißen Kobel. Das ist nämlich das Zuhause von Eichhörnchen. Und dann haben wir uns angeschrien, wer die besten Höhlen baut.«

Zwei Tränen kullerten das rotbraune Fell hinunter und tropften ins Gras.

»Da hab ich alle Sachen, die es gesammelt hat, in den Bach geworfen! Weil ich so wütend war!«

Herr Hütchen fragte: »Und was hat das Eichhörnchen gemacht?«

Leise antwortete der Fuchs: »Es hat gesagt, ich bin nicht mehr sein Freund.« Er schniefte.

Herr Hütchen zog ein kariertes Taschentuch aus der Manteltasche und hielt es dem Fuchs vor die Nase, der geräuschvoll hineinschnäuzte.

»Was für ein schlimmer Streit!«, fand Herr Hütchen. »Danach könnte ich auch nicht einschlafen.«

»Und nur das Eichhörnchen ist schuld! Warum muss es auch so angeben mit seinem doofen Kobel?«, sagte der Fuchs und lehnte sich an das Eichelmännchen.

»Bist du dir da ganz sicher?«, hakte Herr Hütchen nach.

»Ja ... äh ... schon ...«, stotterte der Fuchs, denn die Frage des Eichelmännchens verunsicherte ihn. »Also ... eigentlich ...«

Herr Hütchen legte den Arm um den Fuchs. »Wie würde es dir gehen, wenn jemand alles in den Bach wirft, was du mühsam gesammelt hast?«

Der Fuchs schlug beschämt die Augen nieder. »Ich wäre stinksauer«, gab er zu. »Jetzt werde ich niemals einen Eichhörnchenkobel sehen!«

»Wieso nicht?«

»Weil ich keinen Freund mehr hab, der einen für mich baut«, sagte der Fuchs. Er schluchzte und vergrub die Nase

tief im Taschentuch. Als er sie herauszog, hatte das Taschentuch ein Loch.

»Wenn etwas kaputt ist, muss man es reparieren«, sagte Herr Hütchen entschlossen und machte einen Knoten in das Taschentuch. Genau an der Stelle mit dem Loch. Dann trocknete er dem Fuchs mit dem Knoten die Tränen ab.

»Wie repariert man eine Freundschaft?«, wollte der Fuchs wissen. »Ich kann noch keinen Knoten.«

»Aber du kannst dich vertragen«, schlug das Eichelmännchen vor.

»Vertragen! Gute Idee!«, rief der Fuchs. »Wie geht das?«

»Zum Beispiel kann man dem anderen sagen, dass man wieder mit ihm befreundet sein möchte«, sagte Herr Hütchen.

Das klang gar nicht schwer, fand der Fuchs. »Dann ist der doofe Streit endlich vorbei?«

»Streit ist echt doof.« Herr Hütchen nickte. »Aber auch ganz normal. Manchmal streitet man sich eben. Hinterher spricht man darüber und sucht eine Lösung.«

Dem Fuchs fiel etwas ein. »Ich entschuldige mich! Das war echt gemein, dass ich seine Sachen in den Bach geworfen habe.« Er richtete sich auf. »Ich sage ihm, dass ich gern mit ihm zusammen den Kobel bauen möchte. Ich möchte nämlich wissen, wie der aussieht. Einen Fuchsbau kenne ich ja.«

Am liebsten wäre er gleich losgerannt zum dicken Ahornbaum, in dessen Krone das Eichhörnchen wohnte.

Doch Herr Hütchen hatte das Eichhörnchen schon ins Bett gebracht. »Sicher schläft es längst«, sagte er.

Der Fuchs tapste ungeduldig von einer Pfote auf die andere. »Aber so was Wichtiges wie Vertragen kann doch nicht bis morgen warten!« Er beschloss, dem Eichhörnchen einen Brief zu schreiben, jetzt gleich.

»Kannst du schreiben?«

»Ach so ... nein.« Der Fuchs fand, dass es viele Hindernisse gab beim Vertragen. Zum Glück hatte er noch einen anderen Einfall. »Ich male ein Bild!«

Er holte seine Farben aus dem Bau. Im Licht des Leuchtpilzes malte er, wie er das Eichhörnchen in dessen Kobel besuchte. Er malte sie beide, wie sie lachten und die Pfoten umeinanderlegten. Daneben zeichnete er sich allein vor dem Fuchsbau mit Tränen im Gesicht und traurig herabhängendem Schwanz.

Mit wehenden Ohren rannte er durchs Unterholz zum dicken Ahorn, in dem das Eichhörnchen wohnte. Er legte das Bild darunter und beschwerte es mit drei Nüssen, die er mitgebracht hatte. Das Eichhörnchen aß gern Nüsse.

Als er zurück zum Fuchsbau kam, machte Herr Hütchen ein geheimnisvolles Gesicht. »Du hattest gerade Besuch!«

»Hä? Von wem?«, fragte der Fuchs.

»Von jemandem, der wie du eigentlich längst im Bett sein sollte«, antwortete das Eichelmännchen lächelnd und reichte ihm ein Blatt mit einem Bild. Es war vom Eichhörnchen. Es hatte einen Fuchsbau gemalt und mittendrin einen Eichhörnchenkobel. Darin saßen der Fuchs und das Eichhörnchen. Sie hatten die Pfoten umeinandergelegt und lachten. Unter das Bild hatte das Eichhörnchen ein Herz gemalt.

Der Fuchs strahlte. »Ich glaube, wir sind wieder Freunde«, flüsterte er glücklich. »Und morgen bauen wir unsere Höhle weiter.«

Er ging mit dem Eichelmännchen in den Fuchsbau und kuschelte sich in seine Schlafgrube.

»Kannst du mir jetzt die Geschichte von der Prinzessin erzäääääählen …?« Der Fuchs gähnte herzhaft.

Herr Hütchen nahm Platz und begann. Am Ende sang

er das Gutenachtlied[*], das er immer sang. Dabei kraulte er den Fuchs wieder an dessen Lieblingsstelle hinter dem linken Ohr.

Der Fuchs schnarchte bereits. Er lächelte im Schlaf.

---

* Nach der Melodie von »Guten Abend, gut' Nacht«

Kapitel 2

Fluffi ist verschwunden

Das Wiesel wohnte in einem umgestürzten Baumstamm, der von innen hohl war. Er war vollgestopft mit allen möglichen Spielsachen, die das Wiesel den lieben langen Tag im Wald fand: Birkensamen, die sich drehten, wenn man sie von den hohen Felsen warf. Kiefernzapfen, mit denen man jonglieren konnte. Ahornflieger, die prima auf der Nase klebten. Jeden Abend, wenn Herr Hütchen es ins Bett brachte, dachte er, dass nun wirklich alles voll mit Spielsachen sei und nichts mehr hineinpasse. Und doch kam jeden Tag noch etwas Neues hinzu.

Um in den Baumstamm zu gelangen, musste man sich durch einen schmalen Spalt zwischen zwei Steinen quetschen, die davorlagen. War man drin, stand man vor zwei Blätterstapeln, die das Wiesel aufbewahrte, weil sie gut im Bach schwammen. Als Herr Hütchen heute kam, musste er über einen Haufen Wanderstöcke klettern, der neu war.

»Guten Abend, liebes Wiesel!«, rief er.

Das Wiesel antwortete nicht.

Herr Hütchen machte noch einen Schritt vorwärts. Da flog eine Haselnuss an ihm vorbei und knallte hinter ihm an die Wand.

»Huch!«, machte er und duckte sich, weil gleich darauf ein Stück Kastanienschale hinterherflog.

»Stopp!«, rief er. »Ich bin's, Herr Hütchen! Es ist Schlafenszeit!«

Das Wiesel lugte hinter einem vertrockneten Blumenstrauß hervor. »Aber vorher muss ich Fluffi finden!«, rief es. »Er ist verschwunden.«

Fluffi war sein Schlaftier, weiß und überaus flauschig. Das Wiesel hatte Fluffi sehr lieb und machte keinen Schritt ohne ihn.

Es durchwühlte weiter die Höhle und warf alles, was ihm in die Pfoten kam, einfach hinter sich.

»Ich helfe dir beim Suchen«, sagte Herr Hütchen. »Deine und meine Augen zusammen sehen mehr als deine Augen allein. Und deine Pfoten und meine Hände finden zusammen mehr als deine Pfoten allein.«

Sie schauten unter jeden Haufen und jeden Stapel. Sogar in den Kochtopf. Doch Fluffi blieb verschwunden.

»Wo ist er nur?« Das Wiesel begann sich im Kreis zu drehen, immer schneller und schneller. Das machte es immer, wenn es aufgeregt war. »Ich mache mir solche Sorgen!«

Herr Hütchen dachte daran, dass das Wiesel viel durch den Wald streifte. »Vielleicht ist Fluffi gar nicht hier. Wo hast du ihn zuletzt gesehen?«

»Keine Ahnung! Ich war den ganzen Tag unterwegs und habe alle möglichen Wanderstöcke gefunden.«

»Bestimmt liegt er noch irgendwo im Wald«, sagte Herr Hütchen. »Komm mit!«

Sie zwängten sich durch den Spalt zwischen den Steinen nach draußen, wo es langsam dunkel wurde. Herr Hütchen nahm einen Leuchtpilz vom Wagen und fragte: »Wo warst du als Erstes?«

»Beim alten Baum zum Klettern«, rief das Wiesel und rannte los.

Dort angekommen kletterte es sofort in Windeseile nach oben. Dabei trat es mit einem Fuß versehentlich in die

Höhle des Spechts. Der steckte den Kopf heraus.

»Was macht denn eine Pfote in meiner Wohnung?«

Das Wiesel lief weiter. »Entschuldigung!«, rief es nach unten.

»Du warst doch heute schon mal hier«, sagte der Specht.

Am Fuße des Baumes hob Herr Hütchen den Leuchtpilz in die Höhe und rief: »Wir sind auf der Suche nach Fluffi, dem Schlaftier. Hast du es vielleicht gesehen?«

Der Specht musste nicht lange nachdenken. »Ist das ein weißes Kuscheltier? Das Wiesel hatte so eines dabei.«

Das Wiesel rannte den Baum wieder hinunter. Es wurde so schnell, dass es beinahe an der Spechthöhle vorbeilief.

»Er ist verschwunden! Weißt du, wo Fluffi ist?«

Der Specht wiegte den Kopf nachdenklich hin und her. »Du hattest ihn beim Klettern im Arm. Dann bist du weitergerannt in Richtung Wedelwald.«

Sie liefen zum Wedelwald. Hier wuchs Farn so dicht wie ein Wald. Wenn man hindurchging, bewegten sich die langen Blätter, die Wedel hießen, und stießen einander an.

Herr Hütchen und das Wiesel drehten jedes Farnblatt um. Am Ende wedelte alles, doch Fluffi fanden sie nicht.

Erschöpft lehnten sie sich an den Ameisenhaufen am Rande der Farne. Da ertönte von oben eine Stimme: »Finger weg!«

Eine Ameise blickte streng von der Spitze des Haufens.

»Entschuldigung, Ameise!«, sagte Herr Hütchen. »Wir suchen Fluffi, das Schlaftier! Hast du eine Ahnung, wo es ist?«

»Hier ist kein Schlaftier!«, antwortete die Ameise kurz angebunden.

Das Wiesel drehte sich wieder im Kreis. »Wo ist Fluffi bloß? Er ist das Wichtigste, was ich habe.«

Die Ameise rief: »Wenn dein Kuscheltier so wichtig ist, dann solltest du besser darauf aufpassen!«

Damit krabbelte sie zurück in den Ameisenhaufen.

Das Wiesel plumpste entmutigt auf den Boden. »Die Ameise hat recht. Ich hätte besser auf Fluffi aufpassen sollen.«

Herr Hütchen nahm das Wiesel in den Arm.

»Das kann schon mal passieren, auch wenn man aufpasst«, sagte er.

Das tat dem Wiesel gut, und es richtete sich wieder auf. »Wir suchen weiter«, sagte es entschlossen.

»Überleg mal, wo du heute sonst noch gewesen bist«, sagte Herr Hütchen.

Das Wiesel sprang auf. »Keine Ahnung!« Hektisch sah es sich um. »War ich dort? Oder da drüben?«

Plötzlich hielt es inne.

»Hunger! Ich habe Hunger bekommen und bin zum Blaubeerfeld gelaufen!«

»Zum Blaubeerenpflücken musstest du Fluffi zur Seite legen«, sagte Herr Hütchen. »Bestimmt ist er dort!«

Das Wiesel flitzte los. Herr Hütchen rannte hinterher, so schnell er konnte, und hielt sein Hütchen fest. Sie kletterten über einen umgestürzten Baum, dessen Wurzeln in die Luft ragten, und kamen zum Blaubeerfeld.

Im Licht des Leuchtpilzes suchten sie unter jedem Blatt. Sie fanden viele reife Blaubeeren, Fluffi jedoch nicht.

Das Wiesel ließ den Kopf hängen. »Ich werde Fluffi nie wiedersehen …«

Herr Hütchen hielt ihm zwei Blaubeeren hin. Sie schmeckten zuckersüß, doch das besserte die Laune des Wiesels nicht.

»Wo warst du dann?«, fragte Herr Hütchen.

Die schwarzen Knopfaugen des Wiesels füllten sich mit Tränen. »Ich bin nach Hause gelaufen.«

»Dann suchen wir dort!«, rief Herr Hütchen.

»Haben wir doch schon! Da ist er nicht!« Jetzt liefen Tränen über das Gesicht des Wiesels in sein weißes Brustfell und glitzerten im Mondlicht.

»Dann gucken wir eben noch einmal in alle Ecken«, sagte Herr Hütchen. Er nahm die Pfote des Wiesels in seine Hand und drückte sie.

Zurück im hohlen Baumstamm suchten sie ein zweites Mal alles ab, jedoch ohne Erfolg.

Schließlich legte sich das Wiesel ins Bett und starrte zur Decke. »Wie soll ich nur ohne Fluffi einschlafen?«

»Ich könnte mit dir kuscheln, bis du eingeschlafen bist«, schlug Herr Hütchen vor.

Das Wiesel fand, dass das nicht dasselbe war. »Fluffi ist immer da, wenn ich mal aufwache. Und er riecht so gut.«

Es seufzte, schmatzte und sagte dann: »Ich habe Durst. Blaubeeren machen immer durstig.«

Herr Hütchen nahm einen Becher. »Ich hole dir etwas zu trinken.«

Direkt hinter der Wieselhöhle sprudelte eine Quelle aus dem Boden. Herr Hütchen kniete sich hin, um den Becher hineinzuhalten. Er spürte etwas Kuschelweiches an den Füßen, sah nach unten – und da war Fluffi!

Er rannte zurück.

»Wiesel, ich habe jemanden gefunden!«, rief er, als er sich durch den Eingang quetschte.

Das Wiesel sprang auf.

»Fluffi! Da bist du ja!« Überglücklich nahm es Fluffi in die Arme und drückte ihn an sich. »Wo warst du nur?«

Da das Schlaftier nicht antworten konnte, erklärte Herr Hütchen: »Er hat an der Quelle hinter deinem Baumstamm gelegen.«

Das Wiesel drückte die Nase in den weißen Bauch des Schlaftiers. Fluffi duftete nach zu Hause, nach Wiesel und ein klein wenig nach Waldboden.

»Ich werde dich nie wieder allein lassen«, versprach es und legte sich hin. »Gute Nacht, Herr Hütchen! Danke, dass du mir Fluffi zurückgebracht hast.«

Herr Hütchen lächelte zufrieden, dann sang er sein Gutenachtlied.

Er sang es zweimal, dann schlief das Wiesel. Fluffi hielt es fest im Arm, als wolle es ihn nie wieder loslassen.

Kapitel 3

»Hicks!«

Hinter der Eiche, in der Herr Hütchen und Klickklack wohnten, lag der Leuchtpilzgarten. Wenn man daran vorbeiging, kam man zum Löwenzahnhügel. Der war gelb, wenn der Löwenzahn blühte, und weiß und flauschig, wenn daraus Pusteblumen wurden. Hier traf Herr Hütchen auf das jüngste Kind der Kaninchenfamilie.

»Guten Abend, liebes Kaninchen«, grüßte er es. »Es ist Zeit, ins Bett zu gehen!« Er sah es genauer an und stutzte. »Du bist ja ganz gelb. Hast du dein Fell umgefärbt?« Eigentlich war es braun mit hellen Flecken drin.

Das kleine Kaninchen schüttelte sich und stand in einer gelben Blütenstaubwolke. »Ich bin den ganzen Tag den Löwenzahnhügel hinaufgehoppelt und hinuntergekullert«, antwortete es. »Jetzt bin ich bärenmüde.« Das war eine Redewendung der Tiere, wenn sie so müde waren, als würden sie gleich in den Winterschlaf fallen.

Herr Hütchen stellte einen Leuchtpilz zwischen den Löwenzahnstängeln auf und läutete die Glockenblume, damit auch die anderen Kaninchen wussten, dass er da war. Nun hoppelten aus allen Richtungen Kaninchen herbei und verschwanden im Eingang zum Bau am Fuße des Hügels. Als Herr Hütchen hinterherkam, hatte sich die Familie in der Schlafhöhle aneinandergekuschelt.

Als Letztes sprang das kleine Kaninchen mitten hinein. Es rief: »Wir wollen die Geschichte von gestern weiterhören.« Elf Kaninchen nickten, und zweiundzwanzig Löffelohren bewegten sich wie Grashalme im Wind. In der Geschichte ging es um ein Kaninchen, das zum Mars fliegen wollte und gerade seine Sachen packte. Weiter war Herr Hütchen noch nicht gekommen, denn die elf Kaninchen schliefen schnell ein.

Herr Hütchen nahm auf dem Mooskissen Platz, auf dem er immer saß, und wollte gerade beginnen, da machte das kleine Kaninchen »Hicks!«.

»Was ist das?«, fragte es. »Hicks!«

»Klingt, als hättest du Schluckauf«, sagte Herr Hütchen. Das kleine Kaninchen hatte noch nie Schluckauf gehabt. Es schloss den Mund, hickste aber weiter.

Ein älterer Bruder meldete sich: »Hör bitte auf damit! Das stört!«

»Keine Sorge, der Schluckauf geht von allein wieder weg«, beruhigte Herr Hütchen.

»Aber wann?«, fragte das kleine Kaninchen. »So kann ich nicht schlafen. Hicks!«

»Ich auch nicht!«, riefen die anderen im Chor.

Herr Hütchen sagte: »Wenn der Schluckauf nicht von allein aufhört, wird man ihn mit einem Trick los. Man muss den Schluckaufinhaber ablenken.«

»Bin ich der Schluckaufinhaber?«, wollte das kleine Kaninchen wissen. »Hicks!«

»Natürlich!« Die anderen zuckten ungeduldig mit den Nasen.

Herr Hütchen wandte sich an das hicksende Kaninchen. »Du musst dich erschrecken, das lenkt dich vom Schluckauf ab, und er hört auf.«

Das kleine Kaninchen wartete und machte »Hicks!«, mehr passierte nicht.

»Ich erschrecke mich aber nicht.«

Plötzlich sprang Herr Hütchen auf und rief laut: »Buuuh!«

Das kleine Kaninchen hüpfte vor Schreck in die Höhe und versteckte sich hinter den anderen. Dort hickste es.

»Hat nicht geklappt!«, rief die jüngste Schwester enttäuscht.

»Wir müssen etwas anderes versuchen.« Herr Hütchen ließ den Blick durch den Bau schweifen. Aus der Decke guckten die Wurzeln von Löwenzahn, Gras und Kräutern, die auf dem Löwenzahnhügel wuchsen. Die Kaninchen knabberten gern daran, wenn es draußen regnete und sie in der Höhle blieben. Er fragte: »Was hast du gestern gegessen?«

Das kleine Kaninchen antwortete: »Löwenzahn und Wurzeln.«

Stille.

»Hicks!«

»Hat nicht geklappt!«, rief der älteste Bruder.

Doch so schnell gab Herr Hütchen nicht auf. »Was hast du vorgestern gegessen?«

»Wurzeln und Löwenzahn«, sagte das kleine Kaninchen.

Stille.

»Hicks!«

»Hat nicht geklappt!«, rief Oma.

»Und vorvorgestern?«, fragte Herr Hütchen.

»Ich esse immer Löwenzahn und Wurzeln«, sagte das kleine Kaninchen.

»Hicks!«

»Hat nicht geklappt!«, rief die zweitjüngste Schwester.

Es kribbelte Herrn Hütchen unter dem Hütchen, denn er hatte einen neuen Einfall. »Ich erzähle dir einen Witz! Das soll auch gegen Schluckauf helfen.« Bevor wieder ein Hicksen kam, legte er los: »Was ist unsichtbar und riecht nach Möhrchen?«

»Ein Kaninchenfurz!«, rief die ganze Familie im Chor.

»Hicks!«, machte das kleine Kaninchen. »Den kennen wir schon.«

»Hat immer noch nicht geklappt!«, riefen die anderen. Sie wollten endlich schlafen.

Das Eichelmännchen ging in Gedanken weitere Hausmittel und Tricks gegen Schluckauf durch: ein Bonbon lutschen (doch das Kaninchen hatte bereits die Zähne geputzt) oder kitzeln (doch Kaninchen sind nicht kitzelig). Und: »Du musst Wasser trinken.«

»Und das hilft? Hicks!«, fragte das kleine Kaninchen.

»Hoffentlich!«, rief Opa und gähnte, dass man jeden Nagezahn sah.

Das Eichelmännchen holte Wasser. Das Kaninchen trank so viel es konnte. Als es fertig war, sahen alle es gespannt an.

»Nun seht mich doch nicht so gespannt an.« Das Kaninchen rülpste.

»Entschuldigung«, sagte es. Und machte »Hicks!«.

Alle stöhnten, denn sie wollten nun endlich schlafen.

Das hicksende Kaninchen ließ entmutigt die Löffelohren hängen. Es tat dem Eichelmännchen leid: Man kann nichts dafür, wenn man einen Schluckauf hat, es ist der Schluckauf, der bestimmt, wer ihn kriegt.

Ein tiefes Brummen drang herein. Es wurde lauter, und der Weckkäfer Klickklack flog in die Höhle.

»Hier bist du also!«, rief er vorwurfsvoll und landete neben Herrn Hütchen. »Ich suche dich überall! Du bist spät dran, du solltest längst beim Reh sein ...«

»Ich brauche deine Hilfe!«, unterbrach ihn das Eichelmännchen. »Hast du eine Idee, was gegen Schluckauf hilft?«

»Natürlich!« Klickklack war stolz, dass er um Rat gefragt wurde. »Es ist ein altes Hausmittel, das immer wirkt. Seltsam, dass du es nicht kennst.«

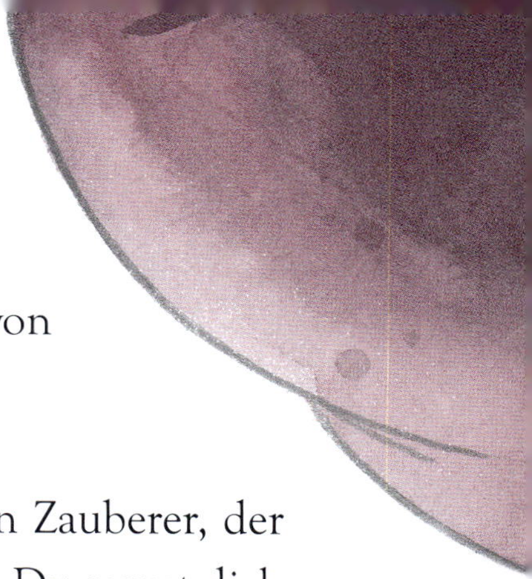

Er wandte sich an die Kaninchen. »Wer von euch hat Schluckauf?«

»Hicks!«, machte das kleine Kaninchen.

Klickklack baute sich vor ihm auf wie ein Zauberer, der gleich jemanden verschwinden lassen wird. »Du musst dich auf eine Pfote stellen, die Luft anhalten, dreimal schlucken und dabei an sieben Eichelmännchen ohne Hütchen denken.«

Einen Moment lang herrschte Stille. Dann brach die Familie in lautes Gelächter aus.

»Das klappt nie!«, brüllten alle.

Herr Hütchen schüttelte den Kopf. »Eichelmännchen ohne Hütchen gibt es nicht. Ich kann mir nicht vorstellen, dass das funktioniert.«

Das kleine Kaninchen sagte nichts. Es stand auf einer Pfote, hatte den Mund fest geschlossen und schluckte. Dabei hatte es einen konzentrierten Blick aufgesetzt – etwa so, als versuche es nur mit der Kraft seiner Gedanken einen Stein hochzuheben. Dann öffnete es den Mund, und alle sahen es erwartungsvoll an. Es hickste – nicht. Im nächsten Moment hickste es immer noch nicht.

»Ich glaube, der Schluckauf ist weg«, sagte es zufrieden.

»Es hat geklappt!«, riefen alle im Chor.

Klickklack stieg in die Höhe. »Hab ich doch gesagt, aber mir glaubt ja keiner. Jetzt aber ab ins Bett und Pilze aus!« Er flog aus dem Bau.

Die Kaninchen beruhigten sich und schmiegten sich aneinander. Herr Hütchen setzte sich wieder auf das Mooskissen. »Ich wollte euch ja erzählen, wie das Kaninchen zu seiner Reise zum Mars aufbrach. Es packte so viele Wurzeln in seinen Rucksack, wie es tragen konnte, und dann …«

Die Kaninchen schliefen bereits. Herr Hütchen beschloss, morgen an dieser Stelle weiterzuerzählen, und sang:

Leise erhob er sich. Da machte er »Hicks!«. Er ging den Gang entlang. »Hicks!« Und wieder »Hicks!«, als er in die Abendluft hinaustrat. Hicksend ging er weiter, und die Glockenblume klingelte.

Kapitel 4

Das Eichhörnchen und die Angst im Dunkeln

Herr Hütchen hatte gerade das Gutenachtlied für das Eichhörnchen gesungen. Leise stellte er den Becher ab, in dem das Eichhörnchen ihm wie immer einen Beerentee gemacht hatte. Er stand auf und wollte gehen, als das Eichhörnchen sich wieder aufsetzte. »Ich bin eigentlich noch gar nicht müde«, sagte es.

»Wirklich?«, fragte Herr Hütchen, der sich sicher war, dass dem Eichhörnchen mehrmals die Augen zugefallen waren bei der Gutenachtgeschichte. Er hatte heute eine besonders lange mit viel Zauberei erzählt, weil das Eichhörnchen sich das gewünscht hatte.

»Wirklich!«, bestätigte das Eichhörnchen. »Vielleicht bleibe ich heute mal die ganze Nacht wach. Ich kann ja auch am Tag schlafen.«

»Ach so, du willst durchmachen. Was tust du dann die

ganze Nacht lang?«, fragte Herr Hütchen.

»*Du* könntest bei mir bleiben«, schlug das Eichhörnchen vor. »Wir könnten etwas spielen, Nüsse raten zum Beispiel.«

Doch dafür hatte Herr Hütchen leider keine Zeit. Schließlich warteten noch andere Tiere darauf, von ihm ins Bett gebracht zu werden. Und wenn alle schliefen, sah er im Wald nach dem Rechten. Aber klar war auch: Herr Hütchen musste dem Eichhörnchen helfen, einzuschlafen.

»Möchtest du, dass ich mich noch ein bisschen zu dir lege?«, fragte er.

Das Eichhörnchen wollte, und Herr Hütchen kuschelte sich neben es. Das Eichhörnchen schlang den buschigen Schwanz um sie beide, sodass es muckelig warm war.

»Findest du nicht auch, dass es *sehr* dunkel ist heute Nacht?«, fragte es. »Ich kann nicht schlafen, wenn es so dunkel ist.«

Herr Hütchen schaute aus dem Kobel, den das Eichhörnchen aus Zweigen und Blättern in die Krone des dicken Ahornbaumes gebaut hatte. Draußen war es jetzt dunkel, wie es eben so ist in der Nacht. »Ich könnte dir einen Leuchtpilz hierlassen.«

Das Eichhörnchen war einverstanden, und Herr Hütchen stellte einen Leuchtpilz neben das Schnuffeltuch aus Pusteblumenfliegern. Das Eichhörnchen wanderte mit den Augen durch den Kobel und prüfte jeden Winkel. »Hier bei mir ist es jetzt hell. Aber da drüben nicht.« Es deutete in den hinteren Teil des Kobels, in den das Licht nicht reichte. Herr Hütchen stellte dort einen zweiten Leuchtpilz auf. Nun war es im Kobel hell wie am Tag. Das Eichhörnchen legte sich wieder hin.

Im nächsten Moment richtete es sich wieder auf. »Es ist zu hell«, sagte es. »Bei so viel Licht kann ich nicht einschlafen.«

Herr Hütchen brachte den zweiten Leuchtpilz wieder nach draußen.

»Jetzt ist aber auch die Dunkelheit wieder da.« Das Eichhörnchen rückte nahe an Herrn Hütchen heran. »Die macht mir Angst.«

Herr Hütchen legte den Arm um das Eichhörnchen. »Woran liegt das denn?«

»Na, sie ist ... dunkel.« Das Eichhörnchen fand das gar nicht so leicht zu erklären. »Man sieht nichts im Dunkeln. Deshalb kann sich da alles Mögliche verstecken.«

»Einen Topf mit Wurzelsuppe könnte man prima im Dunkeln verstecken«, sagte Herr Hütchen. »Oder einen Blumenstrauß. Oder einen Sack Nüsse.«

Daran hatte das Eichhörnchen noch nicht gedacht. Vor

Wurzelsuppe musste man keine Angst haben. Und vor Nüssen und Blumen auch nicht. Allerdings war das, was ihm Angst machte, größer als ein Blumenstrauß.

»Wie groß?«, fragte Herr Hütchen.

Das Eichhörnchen breitete die Arme aus, um es zu zeigen. Doch die waren zu kurz. Es überlegte und sagte dann: »So groß wie der Bär.« Der Bär war das größte Tier im Wald, etwas Größeres als ihn konnte sich das Eichhörnchen nicht vorstellen.

»Es könnte ja wirklich der Bär sein, der dich in deinem Kobel besucht und Honigkuchen vorbeibringt«, mutmaßte Herr Hütchen.

»Aber vor dem Bären habe ich doch keine Angst.« Wie alle Tiere im Wald mochte das Eichhörnchen den Bären und auch seinen Honigkuchen.

»Stell dir vor, aus der Dunkelheit kommt der Bär, um dich zu besuchen, und bringt Honigkuchen mit«, sagte Herr Hütchen. »Ein Riesenstück.«

Das Eichhörnchen kuschelte sich ein und schloss die Augen. Herr Hütchen sagte: »Gute Nacht, Eichhörnchen« und kletterte durch das Loch, durch das man hinein- und herauskam.

Da rief das Eichhörnchen: »Und wenn ich heute Nacht aufwache?«

Herr Hütchen drehte sich um. »Wie gesagt: Stell dir vor, der Bär kommt dich besuchen.«

»Und wenn ich das vergesse?«, wandte das Eichhörnchen ein. »Dann ist die Angst wieder da.«

»Nicht, wenn ich sie mitnehme!«, sagte Herr Hütchen.

Jetzt blickte das Eichhörnchen ihn überrascht an: »Du nimmst die Angst mit?«

»Jawohl. Aber dafür brauche ich deine Hilfe.« Herr Hütchen kam wieder herein. Er zog den Leuchtpilz ans Bett, holte ein Blatt Papier und die Farben, mit denen das Eichhörnchen gern malte.

»Ich möchte, dass du deine Angst aufmalst.«

Das Eichhörnchen dachte nach. Es war eine Sache, die Angst in sich drin zu haben, wo sie mal klein und mal groß,

mal rund und mal eckig sein konnte. Aber es war etwas anderes, sie zu malen und sich genau zu überlegen, wie sie aussah und wo sie anfing und endete. Zuerst wollte es gar nicht so genau über die Angst nachdenken. Dann nahm es doch einen Stift und malte das Blatt schwarz an.

Schließlich war es voll, und das Eichhörnchen zuckte mit den Schultern. »Das Papier ist zu klein.«

»Dann nehmen wir noch eines«, sagte Herr Hütchen. »Es ist wichtig, dass du die ganze Angst aufmalst und nicht aufhörst, bevor alles raus ist.«

Das Eichhörnchen malte ein zweites und ein drittes Blatt schwarz an und ein viertes zur Hälfte. Dann war es fertig und betrachtete sein Werk. Die Angst war groß und schwarz. Doch gleichzeitig fand das Eichhörnchen, dass sie nicht *so* groß und *so* schwarz war, wie es zunächst gedacht hatte.

Es gab Herrn Hütchen die Blätter. Der faltete sie fest zusammen und steckte sie in die Manteltasche.

»Hat die Tasche auch bestimmt kein Loch?«, fragte das Eichhörnchen.

»Nein. Aus dieser Tasche kommt sie nicht raus«, versicherte Herr Hütchen. »Siehst du?« Er knöpfte die Tasche zu und klopfte leicht darauf. »Ich nehme sie jetzt mit.«

Das Eichhörnchen legte sich hin und deckte sich zu. Es drückte die Nase ins Pusteblumenschnuffeltuch und atmete tief ein. Es duftete nach den Kräutern, mit denen es heute das Nest frisch ausgepolstert hatte.

Das Eichelmännchen sang noch einmal das Gutenachtlied.

Das Eichhörnchen schlief ein, die Nase im Schnuffeltuch. Es schnarchte leise.

Herr Hütchen kletterte aus dem Kobel in die Nacht hinaus. Der Mond schien und brachte die Blätter zum Leuchten, als lägen sie voller Schnee.

Kapitel 5

Der Kauz und der Schlüpftag

Eines Tages klopfte es an Herrn Hütchens moosgrüne Tür. Seine Wohnung lag im Stamm der ältesten Eiche im Wald und war klimperklein. Sie bestand aus einem einzigen behaglichen Raum. In der Mitte hing eine Hängematte mit einem Kissen aus Moos, in der Herr Hütchen noch tief und fest schlief. Da er Nachtwächter war, war am Tage seine Schlafenszeit.

Beim Klopfen fuhr er hoch, als hätte ihn jemand mit einer Distel gepikt! Dabei kippte die Hängematte zur Seite und begann, sich um sich selbst zu drehen! Herr Hütchen wurde in die Hängematte eingerollt und drehte sich mit! Immer rundherum! Nach drei Runden kam sie zum Stillstand. Mühsam krabbelte er heraus. Ihm war schwindelig, das Eichelhütchen war verrutscht. Er schwankte und hielt sich an der Kommode fest, auf der der Weckkäfer Klickklack gerade sein Uhrwerk reinigte. Dadurch geriet die

Kommode auch ins Schwanken. Klickklack kippte um und zappelte einen Moment auf dem Rücken. Er verschluckte sich an seinem Fichtennadelbonbon und bekam einen Hustenanfall.

»Unverschämtheit!«, schimpfte er. »Jetzt tickt mein Uhrwerk sicher falsch.« Mühsam rappelte er sich auf.

Herr Hütchen rief zur Tür: »Wer ist da?«

»Ich!«, kam die Antwort von draußen.

Wieder klopfte es.

»Ich? Wer soll das sein?« Klickklack ärgerte sich über die Störung. Er tastete sein Uhrwerk ab, um zu prüfen, ob bei dem Sturz etwas kaputt gegangen war. Das hätte ihn noch mehr verärgert, denn Uhrmacher, die sich mit Weckkäfern auskannten, waren schwer zu finden. Erbost flatterte er zur Lampe an der Decke.

Herr Hütchen lief zur Tür, immer noch leicht wankend, und öffnete. Draußen hüpfte der Kauz auf und ab, als spiele er Grashüpfer. Er war noch jung und sein Gefieder hell und flauschig.

»Hallo – Herr – Hütchen!«

Mit jedem Wort sprang er in die Höhe. Das Eichelmännchen hatte sich von der Fahrt in der Hängematte noch

nicht erholt, und der hüpfende Kauz machte es nicht besser.

»Lieber Kauz, hör doch auf zu hüpfen!«, bat er.

Der Kauz hüpfte weiter. »Nur – wenn – du – mich – ins – Bett – bringst!«

Herr Hütchen verfolgte ihn mit den Augen, was seinem durchgeschüttelten Kopf nicht guttat. Er rief: »Versprochen! Aber nur, wenn du anhältst!«

Endlich stoppte der Kauz.

»Ist denn schon Schlafenszeit?« Herr Hütchen konnte sich nicht erinnern, dass Klickklack geklingelt hatte.

»Egal!« Der Kauz unternahm eine Drehung, offenbar ein Ersatz fürs Hüpfen. »Ich will sofort einschlafen, damit es schnell Morgen wird. Morgen ist mein erster Schlüpftag!«

Am Schlüpftag feiern Vögel den Tag, an dem sie geschlüpft sind.

Der Kauz lief bereits los. Besser gesagt: Er hüpfte.

Von der Decke protestierte Klickklack: »*Ich* bin hier der Weckkäfer! *Ich* bestimme, wann Herr Hütchen aufsteht und seine Runde beginnt. *Du* bist noch nicht dran, Kauz!«

»Heute müssen wir wohl eine Ausnahme machen, mein lieber Klickklack«, sagte Herr Hütchen und zog den Weidenkätzchenmantel an. »Ich glaube, er ist zu aufgeregt, um zu warten.«

»Na und? Deshalb darf er noch lange nicht alles durcheinanderbringen!« Ausnahmen waren ihm ein Graus, ebenso wie alles andere, das von der täglichen Ordnung abwich. Eingeschnappt flog der Weckkäfer auf die Fensterbank.

Herr Hütchen nahm die Glockenblume, winkte zum Abschied und eilte zur hohen Buche, in der der Kauz wohnte. Die Glockenblume bimmelte leise, als er die schmale Treppe zur Baumhöhle emporstieg. Drinnen hüpfte der Kauz auf und ab und prallte jedes Mal gegen die Höhlendecke, sodass Rinde herabrieselte. Zum Glück hatte er so viele Federn auf dem Kopf, dass er sich nicht wehtat.

»Schlafenszeit!«, rief Herr Hütchen. »Ab ins Nest!«

Der Kauz hüpfte weiter. »Ich – kann – nicht – schlafen!«

»Aber du wolltest doch ins Bett, damit es schnell Morgen wird«, wandte Herr Hütchen ein.

»Geht – aber – nicht!«

Von der Wand fiel ein Bild zu Boden. Der Kauz hatte es aus getrockneten Buchenblättern selbst gebastelt.

Einschlafen ist nicht leicht, wenn man am nächsten Tag Schlüpftag hat, dachte Herr Hütchen und bat den Kauz: »Setz dich doch mal ins Nest, dann geht es sicher besser.«

Der Kauz setzte sich auf die Zweige und Blätter, auf denen er für gewöhnlich schlief. Doch seine Beine hüpften immer noch.

Als Eichelmännchen kannte Herr Hütchen sich aus und musste nicht lange überlegen, wie er dem Kauz helfen konnte, zur Ruhe zu kommen. Eine Geschichte half immer: »Heute erzähle ich dir zum Einschlafen die Geschichte vom ...«

»Ich habe keine Zeit für eine Geschichte!« Der Kauz flatterte mit den Flügeln. »Ich muss *sofort* schlafen, immerhin habe ich morgen Schlüpftag!«

Herr Hütchen dachte nach, was noch alles beruhigend war. »Du musst etwas zählen!«, fiel ihm ein. »Zähl Schafe, das hilft beim Einschlafen.«

»Welche Schafe?«, fragte der Kauz.

»Du stellst dir Schafe vor, wie sie über einen Bach springen. Dann zählst du jedes Schaf. Und schwuppdiwupp bist du eingeschlafen.«

»Ich kann doch keine Schafe zählen, die nicht da sind!« Der Kauz hielt es nicht mehr aus. Er sprang auf und rumste dabei wieder gegen die Decke. Diesmal klackerten Bucheckern von den Zweigen zu Boden, obwohl sie noch nicht reif waren.

Da landete das miesepetrige Rotkehlchen auf dem Ast vor der Kauzhöhle. Es wohnte ein Stockwerk weiter oben.

»Das ist doch die Höhe!«, piepste es. »Der komplette Baum wackelt wegen der Hüpferei! Mein Nest fällt gleich runter.«

»Ich hab morgen Schlüpftag! Zum ersten Mal!«, quietschte der Kauz.

Das Rotkehlchen plusterte sich empört auf. »Das ist doch kein Grund für dieses Gehopse! Schlüpftage sind vollkommen überflüssig!«, schimpfte es. »Man bekommt haufenweise Zeug geschenkt, das man nicht braucht, und dann ist das Nest damit vollgestopft.«

»Ich bekomme Geschenke?« Der Kauz hielt Geschenke nicht für überflüssig. »Das ist ja toll!« Er wusste sofort, worüber er sich besonders freuen würde. »Vielleicht ein Schachtelhalmsteckspiel? Oder einen Ausflug zum Badesee?«

Herr Hütchen hatte noch einen Vorschlag: »Stell dir doch Geschenke vor und zähle sie. Vielleicht hilft dir das beim Einschlafen.«

Der Kauz hüpfte putzmunter weiter. »Das macht nur vorfreudig. Außerdem kann ich doch keine Geschenke zählen, die nicht da sind.«

Da das miesepetrige Rotkehlchen immer an allem herummäkelte, hatte es auch an Schlüpftagen einiges auszusetzen. »Alle Tiere kommen, um einem zu gratulieren«, sagte es und stöhnte. »Ständig muss man Flügel und Pfoten schütteln. Manche Gäste singen sogar! Aber das Schlimmste ist der Kaffeeklatsch!«

»Es gibt einen Kaffeeklatsch? Etwa mit Kuchen?« Kuchen war für den Kauz das Größte.

»Schlimmer als Kuchen – Torte!« Das Rotkehlchen schlug mit den Flügeln um sich, als könne es die Torte verscheuchen.

Torte war für den Kauz das Allergrößte, vor allem, wenn rote Beeren drin waren. Weil er nicht mehr wusste, wohin mit seiner Tortenvorfreude, sauste er hin und her. Dabei stieß er gegen den Garderobenständer, der beinahe hinausgefallen wäre, wenn das Eichelmännchen ihn nicht festgehalten hätte.

Herr Hütchen wusste noch etwas: »Dann zähl doch Torten, das macht sicher müde.«

»Das macht hungrig. Außerdem kann ich doch keine Torten zählen, die nicht da sind.« Der Kauz begann nun wieder zu hüpfen.

Das Rotkehlchen war noch nicht fertig mit Nörgeln: »Meistens muss man mit den Gästen auch Spiele spielen, bis zum Abend. Man hat nicht einen Moment seine Ruhe!«

»Wir spielen Spiele?«, quietschte der Kauz. »Vielleicht Blatthüpfen? Oder Verstecken?« Das waren seine Lieblingsspiele.

»Und von morgens bis abends hat man diese alberne Eierschale auf dem Kopf ...«, zeterte das Rotkehlchen weiter.

»Du meinst meinen Schlüpftagshut?« Der Kauz sprang so hoch, dass irgendwo ein Ast knackte. Dabei stieß er gegen seinen einzigen Stuhl, der kurz schwankte und dann umfiel. »Der Schlüpftagshut ist aus der Eierschale, aus der ich geschlüpft bin. Den durfte ich noch nie aufsetzen!«

»Na und? Kein Grund, unseren Baum abzureißen.« Das Rot-

kehlchen blickte den hüpfenden Kauz düster an. »Zum Schlüpftag kann man sich nur eines wünschen, nämlich, dass er schnell vorbeigeht.« Damit flatterte es zurück nach oben.

Herr Hütchen und der Kauz waren wieder allein. Das Eichelmännchen bückte sich und hob den Stuhl auf. »Hast du eigentlich Sitzgelegenheiten für deine Gäste?«

Der Kauz stoppte. »Was?«

»Wenn die Tiere zum Kaffeeklatsch kommen, brauchst du Steine und Baumstämme, damit sie sich hinsetzen können. Schlüpftagstorte sollte man nicht im Stehen essen.«

»Das stimmt«, sagte der Kauz.

»Sicher werden dich morgen viele Tiere besuchen. Du solltest mal nachzählen, ob genug Plätze für alle da sind«, schlug Herr Hütchen vor.

Der Kauz begann sofort zu überlegen, wer denn wohl alles kommen würde. Damit beim Schlüpftags-Kaffeeklatsch alle Gäste sitzen konnten, zählte er dann die Steine und Baumstämme, die rund um die Buche lagen. Doch er kam durcheinander, weil alles kreuz und quer auf dem Waldboden verteilt war. Er fing von vorne an. Wieder verzählte er sich. Der Kauz war so beschäftigt, dass es ihn gar nicht störte, dass er schon wieder von vorne anfangen musste: »Eins, zwei, drei, ...«

Langsam fielen ihm die Augen zu. Er legte sich auf sein

Kissen, das mit duftendem Lavendel gefüllt war. Herr Hütchen setzte sich, und der Kauz schmiegte sich an den Weidenkätzchenmantel.

Herr Hütchen sang das Gutenachtlied:

Als er fertig war, flüsterte er dem Kauz zu: »Es sind bestimmt genug Steine für morgen da. Ich wünsche dir einen schönen Schlüpftag.« Dann stieg er die Stufen in der Buchenrinde hinunter und machte sich auf den Weg zur Maus.

Kapitel 6

Die Maus will nicht allein schlafen

Herr Hütchen saß in dem gemütlichen Ohrensessel im kleinen Zuhause der Maus. Das bot gerade genug Platz für den Sessel und ein Bett, das mit Blütenblättern gepolstert war. Darin lag die Maus. Sie hatte den Kopf auf die Pfoten gestützt.

»Heute habe ich wieder eine Postkarte bekommen«, erzählte sie. »Von meiner Schwester.«

»Wo ist deine Schwester denn gerade?«, fragte Herr Hütchen.

»In Nepal.« Die Maus zeigte ihm eine Postkarte mit hohen Bergen darauf. »Sie ist dort zum Bergsteigen und schreibt, dass sie auch Elefanten gesehen hat, aber die sind weggerannt, weil sie Angst vor ihr hatten.«

An den Wänden hingen bunte Postkarten aus sämtlichen Teilen der Erde. Die Maus bekam sie von ihren vielen Familienmitgliedern, die durch die Welt reisten. Damit die Maus wusste, wie es dort aussah, schickten sie ihr Karten mit Bildern der größten Sehenswürdigkeiten. Eine aus New York zeigte die Freiheitsstatue, eine aus Sibirien einen Bären, eine andere den Eiffelturm in Paris. Es waren so

viele Postkarten, dass die Maus die, die neu ankamen, über die älteren hängen musste.

»Und wo ist der Rest deiner Familie im Moment?«, fragte das Eichelmännchen und betrachtete interessiert eine Postkarte von einem Fluss, der sich durch einen Urwald schlängelte.

Die Maus kniff die Augen zusammen, weil sie überlegen musste. »Also, mein Vater ist in Nordamerika, meine Mutter in Südamerika. Meine Tante und mein Onkel sind in Schweden, meine Cousine im Bayerischen Wald, meine Brüder machen eine Gruppenreise durch Japan, und mein Großvater schippert auf einer Eisscholle durch die Arktis. Er hat mir geschrieben, dass er immer kalte Füße hat.«

»Du hast eine sehr reiselustige Familie«, sagte Herr Hütchen. »Warum verreist *du* eigentlich nicht?«

Die Maus winkte ab. »Ich bin nicht gern woanders. Ich wollte immer zu Hause sein. Hier ist es schön, und ich habe warme Füße und kann jeden Morgen Haselnussmarmelade essen.«

»In der Arktis gibt es wohl keine Haselnussmarmelade«, vermutete das Eichelmännchen.

»Ich habe immer zwei volle Gläser in meinem Vorratsregal«, sagte die Maus. »Ganz für mich allein.«

Nun war Schlafenszeit. Herr Hütchen deckte den Leuchtpilz neben dem Nest mit einem Blatt ab. Er holte tief Luft, um das Gutenachtlied zu singen, da sagte die Maus:

»Du, Herr Hütchen?«

»Ja?«

»Ich kann nicht einschlafen.«

Herr Hütchen zog das Blatt vom Leuchtpilz, und es wurde wieder hell. »Warum nicht?«

»Immer muss ich allein schlafen, weil meine Familie lustig durch die Welt reist. Ich will aber überhaupt nicht allein schlafen.« Die Maus klappte betrübt die weichen runden Ohren nach vorne.

Das Eichelmännchen fand das nicht schlimm. »Wenn man allein schläft, hat man sein Bett für sich.« Ihm fiel der Weckkäfer Klickklack ein, der oft schnarchte. »Und niemand schnarcht einem ins Ohr.«

»Aber niemand kuschelt mit mir.« Die Maus ließ nun auch die Barthaare hängen.

Herr Hütchen legte sich zu ihr. Die Maus drückte sich an den weichen Weidenkätzchenmantel und schnaufte wohlig.

So lagen sie eine Weile da, bis Herr Hütchen das Gutenachtlied anstimmte, das er jeden Abend sang. Als er fertig war, zog er vorsichtig den Arm unter der Maus hervor. Es war Zeit, aufzustehen und seine Runde fortzusetzen, damit auch die anderen Tiere bald schliefen.

Er deckte den Leuchtpilz zu, und die Maus war wieder hellwach. »Jetzt bin ich ja wieder allein«, jammerte sie.

Bevor das Eichelmännchen etwas sagen konnte, hörten sie ein Heulen. »AAHUUUUUU!«

Sie sprangen auf und liefen nach draußen.

Vor dem Mauseloch stand ein alter Baumstumpf, auf dem ein braunes Kaninchen mit hellen Flecken im Fell saß. Es streckte den Kopf in den Abendhimmel wie der Wolf und heulte den Vollmond an.

»AAHUUUUU!«

»Was machst du da?«, fragte Herr Hütchen.

Das Kaninchen antwortete verwundert: »Hört man das nicht? Ich heule den Mond an!«

Es stieß wieder ein »AAHUUU!« aus. Es klang so einsam, wie die Maus sich fühlte.

»Warum heulst du denn?«, wollte sie wissen.

»Weil es sich so schön einsam anfühlt«, antwortete das Kaninchen und seufzte.

»Schön einsam?« Das verstand die Maus nicht. »Was ist am Einsamsein denn schön?«

»Dass ich endlich allein bin natürlich!« Das Kaninchen schaute die Maus an, als habe sie gefragt, ob

Löwenzahn gelb oder blau blühe. »Ich bin *nie* allein. Wir sind elf Kaninchen im Bau. Wie soll man da einschlafen?«

»Einschlafen geht am besten, wenn man kuschelt«, sagte die Maus. »Und du hast zehn Kaninchen zum Kuscheln.«

Das Kaninchen schnaubte. »Von wegen! Ständig drängelt einer oder quatscht mir ins Ohr. Oder ich habe eine Pfote im Gesicht.«

»Ich hätte gern eine Pfote im Gesicht«, sagte die Maus sehnsüchtig. Leise fügte sie hinzu: »Dann wüsste ich, dass ich nicht allein bin.«

»Aber Kaninchenpfoten haben Krallen und sind nicht kuschelig«, wandte das Kaninchen ein. »Ich grabe mir bald meinen eigenen Bau, nur für mich!«

Das Eichelmännchen spürte ein Kribbeln unter dem Hütchen. Das hatte es öfter, und darauf folgte meistens ein Einfall.

»Die Arbeit kannst du dir sparen, Kaninchen!«, rief er. »Wie wäre es, wenn du ohne die anderen Kaninchen, dafür aber bei der Maus schlafen würdest?«

»Ohne Kaninchen? Klingt oberlöffelgut!«, antwortete das Kaninchen. Es blickte die Maus prüfend an.

»Drängelst du?«

Die Maus schüttelte den Kopf.

»Quatschst du mir ins Ohr?«

Wieder schüttelte die Maus den Kopf.

»Streckst du mir deinen Puschelschwanz ins Gesicht?«

»Ich habe keinen Puschelschwanz«, erwiderte die Maus.

»Dann würde ich gern bei dir übernachten«, sagte das Kaninchen zufrieden.

Vorher hatte auch die Maus noch ein paar Fragen.

»Kuschelst du denn?«

Das Kaninchen strahlte. »Und wie! Am liebsten ohne Pfoten im Gesicht.«

»Magst du Haselnussmarmelade zum Frühstück?«

»Ich liebe Haselnussmarmelade zum Frühstück!« Das Kaninchen rieb sich den Bauch vor Vorfreude und fragte: »Magst du mit mir zusammen heulen?«

Die Maus wollte. Sie reckten die Köpfe dem Vollmond entgegen und holten tief Luft.

»AAHUUU!«

Es war ein wunderschöner Chor. Die Maus fühlte sich gar nicht mehr allein.

Als sie fertig waren, fragte sie: »Soll ich dir jetzt zeigen, wo ich wohne?«

Gemeinsam schlüpften sie unter den Laubhaufen, unter dem sich das Zuhause der Maus versteckte. Kurz darauf kam Herr Hütchen hinterher. Die Maus und das Kaninchen lagen bereits zusammen im Bett. Die Maus hatte sich vor dem Bauch des Kaninchens zusammengerollt, wo das Fell besonders weich war.

Das Kaninchen legte die Pfoten um die Maus und klang schläfrig. »Es ist so schön ruhig hier«, murmelte es. »Morgen will ich wissen, von wem die vielen Postkarten sind.«

Das Eichelmännchen deckte den Leuchtpilz zu. »Ich wünsche euch eine gute Nacht und angenehme Träume!«

Die Maus drehte sich noch einmal zu ihm um. »Den Leuchtpilz brauche ich jetzt nicht mehr.«

Dann sang Herr Hütchen das Gutenachtlied:

Als die Maus und das Kaninchen eingeschlafen waren, ging Herr Hütchen. Draußen lud er den Leuchtpilz wieder auf den Wagen. Es war einer der jungen Pilze aus dem Leuchtpilzgarten, und sein Licht strahlte frisch und hell in die Nacht.

Kapitel 7

Die Sprache der Liebe

Hinter den Tannen ging es bergab zum Bach, der sich durch den Wald schlängelte. Meist murmelte er leise, nur im Frühjahr, wenn der Schnee des Winters taute, rauschte er laut. Am Ufer war die Erde weich und schlammig, der perfekte Ort für Wildschweine, um sich ausgiebig zu suhlen. Daher wohnte hier, gleich neben dem Ufer, das Wildschwein.

Herr Hütchen freute sich jeden Abend darauf, das Wildschwein ins Bett zu bringen, denn mit ihm gab es immer etwas zu lachen. Meistens badete es noch im Schlamm, wenn er kam, und formte dabei Figuren der anderen Tiere aus Matschbrocken. Vor dem Einschlafen erzählte es ihm stets einen Witz und dachte sich dafür täglich einen neuen aus.

Als Herr Hütchen heute zur Wildschweingrube kam, war es ungewohnt still. Das Wildschwein saß neben seinem Erdloch. Die Abenddämmerung schien durch die Bäume und färbte alles rosa. Auch die Borsten des Wildschweins.

»Guten Abend, liebes Wildschwein!«, grüßte Herr Hütchen.

Das rosa Wildschwein antwortete nicht. Es blickte auf eine Blume, von der es ein Blütenblatt abzupfte. Dabei murmelte es verträumt: »Sie liebt mich …« Mit dem nächsten Blütenblatt, das es abzupfte, flüsterte es: »Sie liebt mich nicht …«

Herr Hütchen trat unter den tiefhängenden Tannenzweigen hervor und sagte etwas lauter: »Guten Abend, liebes Wildschwein! Es ist spät, Zeit, ins Bett zu gehen!«

Das Wildschwein reagierte nicht, sondern zupfte weiter Blütenblatt für Blütenblatt ab und murmelte dazu. Das letzte segelte bei »Sie liebt mich« zu Boden. Da sprang das Wildschwein auf und grunzte glücklich: »Sie liebt mich! Das ist ja saugut!«

Es stampfte über die Blütenblätter und hopste von einem Bein aufs andere.

Da erst bemerkte es das Eichelmännchen.

»Oh! Hallo, Herr Hütchen! Ist es schon so spät?«, fragte es. »Ich kann noch nicht schlafen, ich muss ein Freudentänzchen tanzen!«

Das Wildschwein walzte glücklich kreuz und quer über den Schlamm.

Herr Hütchen trat sicherheitshalber einige Schritte beiseite. »Worüber freust du dich so?«

»Die Schlange liebt mich!«, rief das Wildschwein und vollführte voller Schwung eine Drehung.

»Liebst du sie auch?«, fragte Herr Hütchen.

»Oh ja! Immer, wenn sie sich an mir vorbeischlängelt, bekomme ich Herzklopfen.«

»Hast du auch mal mit ihr gesprochen?«, fragte Herr Hütchen.

»Oh ja! Dann wird mir heiß wie im Sommer! Ich kann nur noch an sie denken!«, schwärmte das Wildschwein.

Herr Hütchen fragte: »Weiß sie denn, dass du sie liebst?«

Schlagartig brach das Wildschwein den Tanz ab. Es machte große Augen, als sei ihm soeben etwas Bedeutsames eingefallen.

»Nein! Dabei sollte sie das doch wissen!« Es beschloss: »Ich muss es ihr sagen. Noch heute!«

Etwas so Wichtiges konnte nicht bis zum nächsten Tag warten, das verstand auch Herr Hütchen.

Das Wildschwein kratzte sich hinterm Ohr. »Aber wie soll ich es ihr sagen?« Es kannte sich mit Schlamm aus, aber nicht mit dem Verliebtsein.

Das Eichelmännchen kitzelte etwas unter seinem Eichelhütchen. Das passierte manchmal, wenn ihm eine Idee in den Sinn kam.

»Schreib ihr ein Liebesgedicht! Verliebte schreiben immer Gedichte!«

»Wieso tun sie so was?«, fragte das Wildschwein.

»Weil sie die Sprache der Liebe sprechen«, erklärte Herr Hütchen.

»Aber ich spreche doch ganz normal«, meinte das Wildschwein.

»Nicht, wenn du dichtest. Dann sprichst du die Sprache der Liebe.«

Das Wildschwein grunzte begeistert. »Das ist wildsaugut! Ich sage ihr es in der Sprache der Liebe!«

Sofort fing es an:

»Liebe Schlange!«

Es machte eine Pause.

»Sehr guter Anfang!«, lobte Herr Hütchen in die Stille.

Das Wildschwein überlegte: »Was reimt sich auf Schlange?«

»Lange, bange, Zahnspange ...«, zählte Herr Hütchen auf.

»Genau!«, rief das Wildschwein und dichtete los:

»Liebe Schlange,
sei nicht bange,
es dauert nicht lange.«

Stolz strich es sich über die struppigen Borsten. »Saugut, oder?«

Herr Hütchen streckte ihm den nach oben gerichteten Daumen entgegen. Dem Wildschwein kamen jetzt haufenweise verliebte Reime in den Sinn:

»Du bist so elegant und lang,
deine Stimme hat einen schönen Klang.
Nun bist du nicht mehr allein,
denn du hast jetzt ein Wildschwein.«

Herr Hütchen meldete sich wieder. »Du solltest langsam zu dem Teil kommen, in dem du sagst, dass du sie liebst.«

Das Wildschwein würde nicht schlafen gehen, ehe das Gedicht fertig war. Das war dem Eichelmännchen klar.

»Ach so, natürlich. Die Liebe!« Das Wildschwein dachte nach, dabei wiederholte es den Text des Gedichts flüsternd immer wieder. Als es fertig war, legte es los:

»Sehe ich dich, wird mir warm ums Herz.
Ich find dich toll, das ist kein Scherz!
Du sagst immer so kluge Sachen,
ich würde dir gern eine Freude machen.
Ich möchte mit dir im Schlamm baden,
an guten und an schlechten Tagen.
Du bist die tollste Schlange, die es gibt!
Ich habe mich in dich verliebt!«

Herr Hütchen klatschte Applaus, und das Wildschwein verbeugte sich stolz.

Da kam die Schlange durch den Wald. Elegant glitt sie den Hügel hinab, ihre glatte Haut glitzerte im Licht der Leuchtpilze.

»Da ist sie!«, raunte Herr Hütchen.

Das Wildschwein hatte die Schlange ebenfalls bemerkt und starrte sie mit offenem Mund an.

Als sie am Erdloch war, zog Herr Hütchen sein Hütchen und grüßte höflich. Dem Wildschwein flüsterte er zu: »Das ist deine Chance! Sag dein Gedicht auf!«

Das Wildschwein stellte sich aufrecht hin und räusperte sich.

»Liebe ... äh ... Schlange,

sei nicht bange, ...«

Wie ging das Gedicht noch mal weiter? In seinem verliebten Kopf wirbelten alle Reime wild durcheinander. Es versuchte, sich zu konzentrieren.

»... du bekommst eine Zahnspange!«

Die Schlange machte große Augen. Das Wildschwein fuhr stockend fort.

»Wenn ich ... äh ... an dich denke, Schlange,

denk ich ... oh, wie ist die lange!

Sie ist wie eine Stange! ... äh ...«

Es konnte sich nicht mehr richtig an das Gedicht erinnern! Es spürte, wie es in seinem borstigen Gesicht hagebuttenrot anlief.

Herr Hütchen flüsterte ihm die nächste Zeile zu:

»Sehe ich dich, wird mir warm ums Herz …«

In seiner Aufregung verhörte sich das Wildschwein und machte daraus:

»Sehe ich dich, mach ich einen Scherz.«

Und dichtete weiter:

»Ich find dich … äh … toll –
im April und März.«

Das hatte es gar nicht sagen wollen, denn es fand die Schlange das ganze Jahr über toll! Verschämt schlug es die Augen nieder. Als es den Blick vorsichtig wieder hob, war es baff: Die Schlange lächelte.

»Dasss isssst ssssso wunderbar!«, zischelte sie. Mit ihrem Schwanz pflückte sie eine Blume vom Wegesrand und reichte sie dem Wildschwein.

Das Wildschwein grunzte überglücklich und tauchte mit

einem Hechtsprung in die Schlammgrube ein! Es wühlte sich tief nach unten und kam mit einem Batzen Schlamm wieder hoch. Den knetete es, und als es aus der Grube herauskrabbelte, überreichte es der Schlange ein Herz aus Schlamm.

»Danke!«, hauchte die Schlange entzückt. Mit ihrem langen glatten Körper formte sie ebenfalls ein Herz. Dem Wildschwein tropfte der Schlamm von den Borsten, während es schon wieder hagebuttenrot im Gesicht wurde.

Die Schlange wandte sich um und wollte sich offenbar wieder auf den Weg machen. Das Eichelmännchen stieß das Wildschwein mit dem Ellbogen an.

»Frag sie doch, ob sie sich morgen mit dir treffen möchte!«

»Wollen wir uns morgen treffen? Zum Baden im Schlamm? Oder so?«, fragte das Wildschwein schnell.

»Sssssehr gern, liebessss Wildschwein! Gute Nacht!«

Und sie schlängelte davon.

Einschlafen konnte das Wildschwein noch lange nicht. Es brachte keinen Witz zustande, weil es an nichts anderes als an die Schlange denken konnte, die es morgen wiedersehen würde. Doch plötzlich war der Witz doch da, und das Wildschwein gluckste vor Lachen beim Erzählen:

»Herr Hütchen, was ist braun und tanzt durch den Wald?«

»Keine Ahnung!«

»Ein verliebtes Wildschwein.«

Endlich wurde das Wildschwein müde. Trotzdem musste Herr Hütchen das Gutenachtlied heute zwei Mal singen. Das erste Mal bekam das Wildschwein nicht mit, denn Verliebte hören manchmal schlecht. Vermutlich, weil sie Schlamm in den Ohren haben.

Herr Hütchen nahm die Blume, die die Schlange gepflückt hatte, und legte sie dem Wildschwein vor die Hufe. So würde es sie sofort beim Aufwachen sehen und sich gleich noch einmal darüber freuen. Er streichelte das Wildschwein vorsichtig, um es nicht zu wecken. Es grunzte leise im Schlaf.

Kapitel 8

Der Otter ist krank

Herr Hütchen knöpfte den Weidenkätzchenmantel zu und blickte zum Nachthimmel empor. Er war wolkenverhangen, kein Stern war zu sehen. Immer, wenn die Nacht so dunkel war, lud er ein paar Leuchtpilze mehr auf den Wagen. Heute waren einige junge dabei, die besonders hell strahlten.

Er war auf seiner Runde durch den Wald. Neben ihm her flog der Weckkäfer Klickklack, der ihn heute begleitete. Die meisten Tiere schliefen bereits. Nur die Fledermaus war hellwach und sauste an ihnen vorbei. Freundlich grüßte Herr Hütchen sie, Klickklack jedoch grummelte nur vor sich hin. Die Fledermaus nahm es mit der Schlafenszeit nicht so genau, und das mochte er nicht.

Sie gingen gerade am Abhang entlang, an dessen Fuße der Bach murmelte, als sie ein Husten vernahmen. Herr Hütchen blieb stehen und horchte. Klickklack landete auf einem Ast. Da war das Husten wieder.

»Das kommt von da, wo die Otterhöhle ist, unten am Bach«, sagte Herr Hütchen. »Lass uns nachsehen, ob beim Otter alles in Ordnung ist.«

Der Weckkäfer zeigte auf das Zifferblatt auf seinem Bauch. »Dann kommen wir zu spät zur Fledermaus. Den Otter hast du doch vorhin schon ins Bett gebracht.«

Herr Hütchen aber war besorgt und fand, dass man nachts schlafen sollte und nicht husten. Deshalb stiefelte er den steilen Abhang hinab, der dick mit Laub bedeckt war, und läutete die Glockenblume. Er kletterte über die Felsen am Bach und schob die Zweige beiseite, hinter denen es zum Otter ging.

Der Otter lag wach in seinem Blätterbett.

»Guten Abend, lieber Otter«, rief Herr Hütchen, als er die Höhle betrat. »Wir haben ein Husten gehört, warst du das?«

Statt einer Antwort hustete der Otter, dass die Blätter flogen.

»Ich kann nicht weiterschlafen, weil ich huste. Und weil ich friere.« Der Otter zitterte, dass der Blätterhaufen raschelte.

»Du hustest, frierst und kannst nicht mehr schlafen? Du Armer.« Herr Hütchen holte einen Leuchtpilz und stellte ihn auf den Nachttisch.

Im Licht sah er, dass der Otter sich so tief in die Blätter eingegraben hatte, dass nur die Schnauze herausschaute. Herr Hütchen ging zum Blätterhaufen, grub sich vorsichtig zum Otter durch und streichelte ihm über die Wange.

»Mein Kopf tut weh«, krächzte der Otter. »Als du mich ins Bett gebracht hast, hat mir noch nichts wehgetan.«

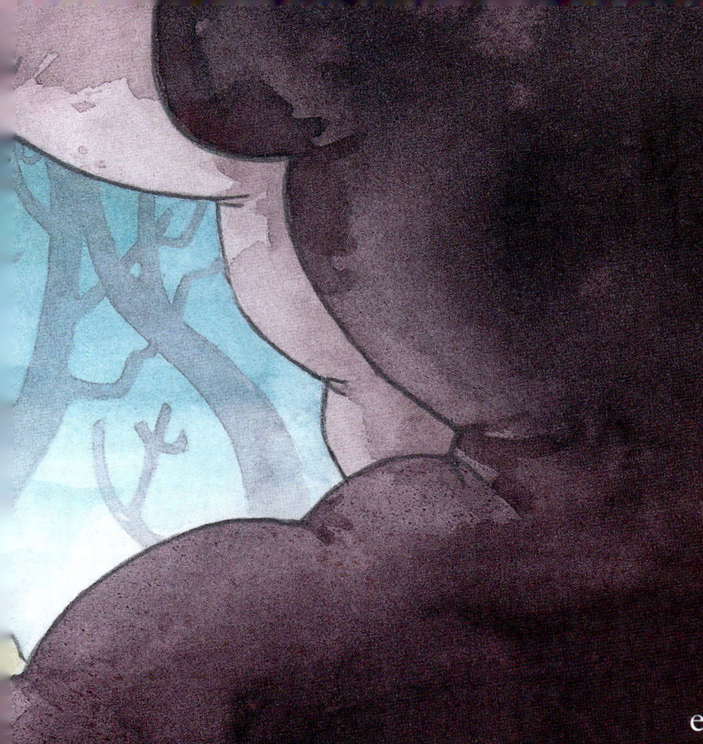

»Deine Stimme klingt auch anders«, sagte Herr Hütchen. »Hast du viel gesungen heute?« Der Otter sang gern laut Piratenlieder, wenn er im Bach schwamm.

»Ich habe heute gar nicht gesungen. Trotzdem tut jetzt mein Hals weh.« Die Stimme des Otters wurde immer leiser, der Husten immer lauter.

Herr Hütchen deckte den Otter mit Blättern zu.

»Lieber Otter, ich glaube, du bist krank«, sagte er.

Der Otter war noch nie krank gewesen und wusste nicht, was das bedeutete. Das beunruhigte ihn. »Eigentlich möchte ich nicht krank sein. Was kann man da machen?«, krächzte er.

»Das ist doch klar: gesund werden!«, rief Klickklack, der neben dem Otter gelandet war.

»Wie geht gesund werden?«, wollte der Otter wissen.

Herr Hütchen holte noch mehr Blätter von draußen und legte sie über den Otter, damit der es warm hatte. »Vor allem musst du im Bett bleiben und dich gut zudecken«, sagte er.

Er wandte sich an Klickklack: »Ich brauche jetzt die Spezialtasche. Würdest du sie bitte holen, dann bleibe ich hier beim Otter.«

Klickklack flog zu ihrer Wohnung im Stamm der alten Eiche. Als er zurückkam, trug er eine rote Tasche. Er flog Schlangenlinien, mal hoch und dann wieder dicht über dem Boden, weil sie so schwer war. Er ächzte vor Anstrengung und stellte sie am Eingang ab.

»Was ist da drin?«, fragte der Otter mit dünnem Stimmchen.

»Alles, was ich brauche, wenn mal jemand krank ist.« Herr Hütchen öffnete die Tasche.

Dass das Eichelmännchen fürs Kranksein eine Spezialtasche besaß, beruhigte den Otter. Er wurde neugierig, und

obwohl sein Kopf wehtat, hob er ihn an und sah hinein: Da waren Gläser, Dosen und Fläschchen in verschiedenen Größen und ein Buch.

Herr Hütchen nahm ein Gläschen heraus. Er öffnete es, und ein Duft nach Waldkräutern stieg auf. Er rieb dem Otter die Brust und den Rücken mit Kräuterbalsam ein.

Der Otter schnupperte. »Das riecht aber gesund.« Er hustete.

Herr Hütchen zog ein warmes Tuch aus der Spezialtasche und schlang es dem Otter um den Hals. In einer großen Dose waren Salbeiblätter, die er selbst gesammelt und getrocknet hatte. Er gab sie in eine Tasse mit heißem Wasser und brühte daraus einen Tee. Als der lange genug gezogen hatte, löffelte Herr Hütchen Honig hinein und pustete in die Tasse, damit der Otter sich nicht die Schnauze verbrannte.

Der Otter schlürfte den Tee und krächzte: »Der schmeckt aber gesund.« Er hustete und fragte dann: »Bin ich jetzt wieder gesund?«

Das Eichelmännchen streichelte ihm über den Bauch. »So schnell geht das nicht. Schlaf jetzt, lieber Otter. Am besten wird man gesund, wenn man schläft.«

»Dann schlafe ich sofort ein.« Der Otter nahm den letzten Schluck Salbeitee und kuschelte sich in die Blätter. Er rülpste, weil es ein großer Schluck gewesen war, und schloss die Augen. Einen Moment war es still. Dann kitzelte es den Otter im Hals, und er musste erneut husten. Er öffnete die Augen wieder.

»Immer, wenn ich gerade einschlafen will, kommt der Husten.«

Herr Hütchen schob die Zweige vor dem Eingang auseinander. Die Nachtluft strömte in die Otterhöhle, sie war kühl und ein wenig feucht vom nahen Bach. »Das ist auch ein Mittel gegen Husten«, erklärte er.

»Aber das kommt nicht aus der Spezialtasche«, wandte der Otter ein.

»Weil man die Nachtluft nicht in eine Dose abfüllen kann«, sagte Herr Hütchen.

Der Otter schloss die Augen, um einzuschlafen. Doch dann war da wieder das Gefühl, als würde ihn jemand mit einer Feder im Hals kitzeln – und er hustete.

Klickklack, der eingedöst war, schreckte auf. »Bei der Husterei kann ja kein Käfer schlafen«, beschwerte er sich.

»Wie lange dauert das Gesundwerden noch?«, krächzte der Otter. Er hatte genug vom Kranksein. Hörte das denn gar nicht mehr auf?

Herr Hütchen rückte neben ihn. Hier legte der Otter jeden Abend Gänseblümchen hin, damit das Eichelmännchen weich gepolstert saß. »Ich weiß noch etwas, das beim Gesundwerden hilft.«

Er breitete den Weidenkätzchenmantel über dem Otter aus, damit der es auch wirklich warm hatte, und nahm ihn in den Arm. Aus der Spezialtasche zog er das Buch und begann vorzulesen. Es war eine Geschichte über einen klei-

nen Otter, der mit seiner Freundin, einer frechen Ente, ein Floß baute. Damit fuhren die Freunde auf dem Fluss.

Der Otter hörte gespannt zu. Er hatte eine Vorliebe für Geschichten, in denen Otter mitspielten. Er spürte, wie ihm warm wurde und der Duft des Kräuterbalsams in seine Nase zog.

Herr Hütchen las weiter. Der Otter und die Ente halfen zwei Möwenküken und einem Ei, die in Not waren. Ihre Eltern waren verschwunden, und ein Sturm bedrohte ihr Nest ...

»Das ist so spannend, dabei kann ja kein Käfer schlafen«, meckerte Klickklack, der sich neben dem Eichelmännchen niedergelassen hatte.

»Pssst!«, machte Herr Hütchen und deutete zum Otter hinüber. Der hatte den Weidenkätzchenmantel bis zu den Barthaaren hochgezogen und war eingeschlafen.

Kapitel 9

Groß, klein – fein!

Die Hummel und der Bär wohnten zusammen in der Felsenhöhle auf dem Hügel. Herr Hütchen zog den Wagen mit den Leuchtpilzen bergauf. Durch die Blätter der Bäume funkelten die Sterne. Ab und zu zogen Wolken vorbei. Herr Hütchen war außer Atem und schnaufte, als er durch den Eingang zwischen den Felsen ging und mit der Glockenblume läutete. Der Bär und die Hummel saßen zusammen am Tisch, spielten Karten und aßen selbst gebackenen Honigkuchen.

»Hallo, Herr Hütchen!«, rief die Hummel.

»Möchtest du ein Stück Honigkuchen?«, fragte der Bär.

»Guten Abend, liebe Hummel! Guten Abend, lieber Bär!«, grüßte Herr Hütchen. »Nein, danke, heute keinen Honigkuchen für mich.«

»Wirklich nicht?«, fragte die Hummel und legte eine Karte ab. »Er ist heute *besonders* lecker.«

Der Bär und die Hummel backten täglich Honigkuchen. Wenn man sich zu einem Stück einladen ließ, wurde es meist spät, denn die beiden gingen nicht eher schlafen, bis sie mindestens einmal erzählt hatten, wie sie das Rezept erfunden hatten.

Herr Hütchen lachte. »Euer Honigkuchen ist doch *jeden* Tag besonders lecker! Das liegt an eurer Geheimzutat.«

»Welche Geheimzutat?«, fragte die Hummel.

»Wir backen immer nach dem gleichen Rezept«, sagte der Bär und zuckte mit den Schultern.

Herr Hütchen wollte gerade antworten, da sprang der Bär auf.

»Wir geben dir was mit, dann kannst du ihn später probieren.« Er schnitt ein großzügiges Stück ab und wickelte es in ein Blatt.

Herr Hütchen verstaute den Honigkuchen auf seinem Wägelchen. Die Hummel und der Bär putzten sich die Zähne und legten sich auf ihr Lager aus Blättern und Moos.

Sie zogen eine Decke aus Gras über sich. Der Bär kuschelte sich an die Hummel, die jedoch ein Stück zur Seite rückte.

»Es ist so eng hier. Mach dich bitte nicht so groß«, sagte sie.

»Ich *bin* so groß!«, sagte der Bär.

Die Hummel flog ins rechte Ohr des Bären und schmiegte sich hinein. Der Bär jedoch schüttelte sie heraus.

»Mach dich bitte nicht so klein in meinem Ohr.«

Die Hummel tippte ihm gegen die Stirn. »Hast du Blütenstaub auf den Augen? Ich *bin* so klein.«

Herr Hütchen setzte sich auf einen Stuhl. Er nickte, denn es kam vor, dass er in seiner Hängematte lag und auch nicht wusste, wie er sich hinlegen sollte. »Manchmal ist es einfach nicht richtig gemütlich. Dann stört auf einer Seite ein Kissen, auf der anderen pikst ein Grashalm.«

»Am gemütlichsten ist es im Ohr des Bären«, schwärmte die Hummel. »Da ist sein Fell am allerweichsten.«

Der Bär mochte es nicht, wenn sie dort schlief. Wenn die Hummel nachts musste und hinausflog, wachte er auf von dem Summen in seinem Ohr. Er hatte es am liebsten, wenn er an die Hummel heranrückte, sodass er ihren weichen Pelz an der Brust spürte. Das mochte die Hummel nicht, weil sie dann so wenig Platz hatte.

Der Bär wollte seiner Freundin natürlich nicht den Platz wegnehmen. »Ich bin einfach zu groß! Ich wäre viel lieber so klein wie du, Hummel.«

Das Eichelmännchen räusperte sich. »Bären sind nun mal so groß, wie Bären sind.«

Der Bär blieb dabei, dass er lieber klein wäre. Wenn sie frühstückten, konnte die Hummel mit Leichtigkeit in alle Blüten krabbeln. »Ich muss mich immer auf den Boden legen, damit ich etwas rausbekomme. So.« Er warf sich zu Boden, stülpte die Lippen nach vorne und machte Schlürfgeräusche.

»Und auch Hummeln sind nun mal so groß, wie Hummeln sind«, sagte das Eichelmännchen.

Die Hummel winkte ab: »Groß sein ist besser. Weißt du noch, als wir die Wände der Höhle angemalt haben?«

Sie zeigte auf die Tapete aus bunten Abdrücken von Bärentatzen und Hummelfühlern.

»Du warst mit deiner Seite nach einer Stunde fertig, weil du so große Tatzen hast. An meiner Seite male ich immer noch.« Sie zeigte auf den niedrigen Teil der Höhle, an dem die Felswand noch grau und unbemalt war.

»Könntet ihr die Wand nicht gemeinsam zu Ende bemalen?«, fragte Herr Hütchen.

Doch die Hummel und der Bär hörten ihm nicht zu. Ihnen kam gerade ein schrecklicher Gedanke.

»Wenn du lieber klein wärst wie ich, aber groß bist …«, sagte die Hummel.

»… und du lieber so groß wie ich, aber klein bist …«, sagte der Bär.

Sie sahen sich an: »… dann passen wir ja gar nicht zusammen!« Sie fuhren im Bett hoch. Die Decke lag zwischen ihnen.

»Das ist aber schade!«, sagte der Bär geknickt.

»Kann man da nichts tun?«, fragte die

Hummel. »Herr Hütchen, kannst du uns nicht helfen, gleich groß zu werden?«

»Aber warum wollt ihr gleich groß sein?«

»Na, damit wir zueinanderpassen«, sagte der Bär.

»Aber das hat doch nichts damit zu tun, wie groß man ist«, wandte Herr Hütchen ein.

»Womit denn dann?«, fragte die Hummel ratlos.

Herr Hütchen dachte einen Moment nach und sagte: »Dafür brauche ich jetzt doch ein Stück Honigkuchen.«

Die Hummel und der Bär gingen in die Küche. Der Bär legte ein großes Stück auf einen Teller. Die Hummel naschte heimlich ein paar Krümel, der Bär den Rest.

»Als wir den Honigkuchen erfunden haben, wollte ich eigentlich Bärenbrot backen«, begann er mit vollem Maul zu erzählen. »Ich hatte eine Riesenschüssel voll Teig gemacht, und da flog die Hummel vorbei …«

»Der Bär hat beim Rühren so mit dem Löffel herumgefuchtelt, dass ich ausweichen musste. Dabei habe ich aus Versehen den Honig in die Schüssel gekippt«, sagte die Hummel. »Zuerst haben wir uns gestritten, dann haben wir den Teig probiert. Der war so lecker!«

»Viel leckerer als sonst«, sagte der Bär. »Wir haben noch mehr Honig hineingekippt, und der Teig wurde immer besser.«

»Wir haben so viel probiert, dass es nur ein Minihonigkuchen wurde. Also haben wir am nächsten Tag gleich noch einen gebacken«, sagte die Hummel.

Liebevoll blickte der Bär sie an. »Ohne dich gäbe es keinen Honigkuchen«, sagte er.

»Ohne dich auch nicht«, sagte die Hummel und stupste den Bären freundschaftlich gegen die Nase.

»Ohne euch beide gäbe es keinen Honigkuchen«, sagte Herr Hütchen mit Kuchen im Mund.

Dem Bären fiel noch ein »Ohne-dich« ein: »Ohne dich würde ich jede Wasserschlacht im Bach verlieren.«

Wenn sie mit dem Reh, dem Waschbären und dem

Dachs am Bach waren, spritzte der Bär immer alle nass. Die Hummel, die nicht schwimmen konnte, saß dabei auf seinem Kopf und sagte ihm, von wo sie angriffen.

Die Hummel rief: »Ohne dich würde ich immer verschlafen. Du kitzelst mich zum Aufwachen – nur du kennst die richtige Stelle.«

Groß oder klein sind nicht wichtig. Sondern ein Honigkuchen, der richtig süß ist. Und natürlich Wasserschlachten und Kitzeln.

Herr Hütchen schluckte das letzte Stück Honigkuchen hinunter. »*Das* ist eure Geheimzutat – Liebe!« Er faltete zufrieden die Hände über dem Bauch. »Um zueinanderzupassen muss, man sich lieb haben.«

Der Bär und die Hummel umarmten sich und riefen: »Das haben wir!« Der Bär brummte zärtlich, die Hummel streichelte ihn mit den Flügeln über die Wange. Sie kuschelten sich wieder ein.

»Ist es jetzt gemütlich für euch zwei?«, fragte Herr Hütchen.

Der Bär rückte den Schrank, der neben der Schlafstätte stand, beiseite. Jetzt war sie viel größer. Er sagte zur Hummel: »So ist genug Platz für uns beide. Wenn ich zu nahe an dich heranrücke, stupst du mich einfach an, dann drehe ich mich weg.«

Die Hummel versprach, dass sie heute Nacht nicht aus

dem Ohr des Bären fliegen, sondern krabbeln würde. »So wecke ich dich nicht auf.«

Sie breiteten die Decke aus Gras über sich aus und schlossen die Augen.

Herr Hütchen begann zu singen:

Er ging durch den Spalt zwischen den Felsen nach draußen. Auf der Zunge hatte er immer noch den Geschmack des Honigkuchens.

Kapitel 10

Gedankenverloren

Der Dachs war nicht da, als Herr Hütchen zusammen mit Klickklack heute zu ihm kam. Das war ungewöhnlich. Der Dachs hatte eine feine Nase und witterte Herrn Hütchen sonst schon von Weitem. Meist rannte er ihm im Gang entgegen und umarmte ihn.

Der Bau des Dachses lag in der Nähe der schiefen Kiefern tief unter der Erde. Als sie durch den Gang in die Wohnhöhle kamen, sah es aus wie immer: Neben dem Schlafplatz lagen Schaufeln und Werkzeuge, die der Dachs zum Graben und Bauen brauchte. An den Wänden hingen Baupläne von seiner Höhle, die er ständig vergrößerte. In der Mitte hatte er einen riesigen Haufen Erde aufgeschüttet: Das sollte mal eine Burg werden, und der Dachs arbeitete fast jeden Abend daran.

Klickklack flog eine Runde durch die Höhle. »Wo steckt er bloß?«

»Guten Abend, lieber Dachs!«, rief Herr Hütchen, doch niemand antwortete. Sie gingen um die halb fertige Burg herum. Keine Spur vom Dachs.

Klickklack stemmte die Hände in die Seite und schüttelte den Kopf, wie immer, wenn er mit etwas überhaupt nicht einverstanden war. »Es ist Schlafenszeit«, brummte er. »Da sollte man in der Höhle sein.«

»Vielleicht baut er an einem neuen Tunnel?«, überlegte Herr Hütchen.

Die Wohnhöhle lag inmitten eines riesigen Tunnelsystems. Der Dachs hatte alles selbst gebaut, denn das war seine Lieblingsbeschäftigung.

Sie machten sich auf die Suche nach dem Dachs und gingen einen Gang entlang. Klickklack flog neben Herrn Hütchen her. Dabei brummte er ungehalten, weil der Dachs nun nicht pünktlich ins Bett kam. Herr Hütchen war beeindruckt von den Baukünsten des Dachses: Er hatte den Tunnel groß und stabil gegraben.

Hinter einer Kurve teilte sich der Gang. Ratlos blickten sie in alle Richtungen. Wohin sollten sie gehen?

Aus einem der Gänge kam ein Schnüffeln. Klickklack erschrak und flog, so schnell er konnte, an die Seite des Eichelmännchens. Dann vernahmen sie eine Stimme.

»… wo ist er nur?«, murmelte sie. Es war die Stimme des Dachses.

Herr Hütchen lachte. »Das ist der Dachs. Keine Angst, Klickklack.«

»Ich und Angst? Lächerlich!« Der Weckkäfer flog eilig auf. »Ich dachte, *du* hast vielleicht welche …«

Sie gingen der Stimme nach und stießen beinahe mit dem Dachs zusammen.

»Guten Abend, lieber Dachs!«, sagte Herr Hütchen.

Der Dachs umarmte ihn. Klickklack winkte er überschwänglich zu, denn der Weckkäfer wurde nicht gern umarmt. »Was macht ihr denn hier?«

»Wir suchen dich«, sagte Herr Hütchen. »Es ist Zeit, schlafen zu gehen, und du warst nicht in der Höhle.«

»Schlafen? Schon? Geht nicht!« Der Dachs drehte sich um und schnüffelte weiter.

»Natürlich geht das!«, brummte Klickklack. »Ab ins Bett und Pilze aus, so einfach ist das.«

»Warum kannst du noch nicht schlafen gehen?«, wollte Herr Hütchen wissen.

»Ich habe was verloren!« Der Dachs hob ratlos die Pfoten.

»Ach so! Und was?«

»Einen Gedanken«, sagte der Dachs. »Eben hatte ich ihn noch, aber dann war er plötzlich weg. Und jetzt suche ich ihn überall.«

Klickklack flatterte den Gang entlang. »Wisst ihr eigentlich, wie schwer es ist, einen Gedanken zu finden? Gedanken kann man doch nicht sehen. Wie soll man etwas finden, das man nicht sehen kann?«

Herr Hütchen kratzte sich unter dem Hütchen. »Weißt du noch, wo du den Gedanken zum letzten Mal hattest?«

Der Dachs war sich nicht sicher. »Vielleicht in der Spielecke in meiner Höhle. Da bin ich oft.« In der Spielecke

lagen viele Kastanien, die der Dachs gern in Erdlöcher schnipste.

»Dann sehen wir dort nach«, beschloss Herr Hütchen.

Der Dachs lief voran, da er sich am besten auskannte. Als sie wieder in der Höhle waren, sprang er sofort in die Spielecke. Er suchte zwischen den Kastanien und schnupperte an jedem Erdloch. Doch der Gedanke war nicht da.

Herr Hütchen fragte: »Was hast du nach der Spielecke gemacht?«

»Ich bin zum Tisch dort gegangen. Und dabei habe ich

mich an einer Wurzel gestoßen!« Der Dachs rieb sich eine Stelle zwischen den Ohren.

»Dann geh doch mal rüber«, bat ihn Herr Hütchen. »Vielleicht liegt dein Gedanke da irgendwo.«

Der Dachs ging zum Tisch und achtete dieses Mal auf die Wurzel. Auf der Fensterbank entdeckte er ein Blatt, auf dem viele helle Samen lagen.

»Natürlich!« Er schlug sich mit der flachen Hand gegen die Stirn.

»Hast du ihn gefunden?«, fragte Klickklack aufgeregt.

»Nein«, sagte der Dachs. »Aber das Juckpulver! Ich habe nämlich heute Hagebutten gesammelt, um Juckpulver zu machen. Und weil es so sonnig war, habe ich es gleich in der Sonne getrocknet. Dann wird es richtig gutes Juckpulver.«

Er dachte daran, dass er seinem Nachbarn, dem Waschbären, letztens Juckpulver in den Pelz gestreut hatte. Der Waschbär hatte geglaubt, er habe Läuse. Er hatte sich heftig geschüttelt, um das Juckpulver loszuwerden. Dabei hatte der Dachs einiges abbekommen und gemerkt, dass es ziemlich gutes Juckpulver war. Am Ende waren sie beide in den Bach gesprungen, um es auszuwaschen.

Der Weckkäfer rümpfte die Nase. Er hielt nichts von Juckpulver, seit er einmal welches im Zifferblatt gehabt hatte.

»Du hast also Juckpulver gemacht«, nahm Herr Hütchen den Faden wieder auf. »Richtig gutes Juckpulver. Hat dein Gedanke damit zu tun?«

Der Dachs dachte über Juckpulver nach. Dabei fiel ihm ein, wie er mit dem Waschbären im Bach gebadet hatte, um es auszuwaschen. Als er daran dachte, wie sie sich gegenseitig den Rücken geschrubbt hatten, fiel ihm wieder ein, wie viel sie gelacht hatten. Als er daran dachte, wie viel sie gelacht hatten, fiel ihm wieder ein, dass ihnen hinterher sogar die Bäuche wehgetan hatten vom vielen Lachen. Als der Dachs daran dachte, fiel ihm wieder ein, wie gern er den Waschbären hatte und wie froh er war, dass er nebenan wohnte. Und als er daran dachte, wusste er wieder …

»Ich wollte dem Waschbären sagen, wie gern ich ihn als Nachbarn habe! Und ich wollte ihm eine Freude machen!«, rief der Dachs aufgeregt. »Ich habe meinen Gedanken wiedergefunden.« Er vollführte einen Luftsprung.

Auch Herr Hütchen war froh. »Wie wolltest du ihm denn eine Freude machen?«

»Ich schenke ihm das Juckpulver, das ich heute gemacht habe«, sagte der Dachs und deutete auf die getrockneten Samen.

Er klopfte Herrn Hütchen auf die Schulter. »Danke, dass du mir beim Suchen geholfen hast.«

Auf einmal musste der Dachs gähnen, und er riss das Maul auf. Er gähnte so lange, bis Klickklack glaubte, er würde das Maul gar nicht mehr zumachen.

Klickklack wackelte mit den Fühlern, und die Glocke bimmelte schrill. »Jetzt ist aber wirklich Schlafenszeit!«

Der Dachs wühlte sich in sein weiches Schlaflager. Er freute sich schon auf morgen, wenn er dem Waschbären das Geschenk geben und ihm sagen würde, wie gern er ihn hatte. Er war erleichtert, dass der Gedanke wieder da war. Andernfalls hätte er dem Waschbären das Geschenk vielleicht nie gegeben. Und das wäre schade gewesen, weil doch jeder gern Geschenke bekommt.

»Gut, dass ich den Gedanken verloren habe«, flüsterte er.

Herr Hütchen war nicht sicher, ob er den Dachs richtig verstanden hatte. »Du meinst: wiedergefunden?«

»Nein.« Der Dachs richtete sich noch einmal auf. »Nur, weil ich den Gedanken verloren habe, weiß ich jetzt, wie wichtig er ist. Also ist es doch gut, dass ich ihn verloren habe. Ohne Verlieren kein Finden.«

Er streckte sich im Bett aus. »Wenn ich aufwache, laufe ich gleich zum Waschbären. Ich habe das Juckpulver verpackt und neben den Ausgang gelegt, damit ich es nicht vergesse.«

Er machte die Augen zu. Herr Hütchen sang das Gutenachtlied, das er jeden Abend sang:

Der Dachs träumte, wie er mit dem Waschbären alle möglichen Dinge wiederfand. Darüber freute er sich und lächelte im Schlaf.

Kapitel 11

Es dröhnt und tönt im alten Baum

Am Fuße des alten Baumes hatte das Reh seinen Schlafplatz. Er war gut im Unterholz versteckt und rundum von Sträuchern und Blaubeeren umwuchert. Hier war der Wald so dicht, dass kaum Mondlicht hindurchdrang. Herr Hütchen stellte auf dem Weg zum Reh stets zwei Leuchtpilze auf, damit er nicht versehentlich die Blaubeeren niedertrat. Er ging um den alten Baum herum, läutete die Glockenblume und schob sich durch die Sträucher zum Schlafplatz des Rehs. Das hatte den Kopf auf die Hufe gestützt und erwartete ihn bereits. Jeden Abend erzählte es ihm so lange von seinem Tag, bis es einschlief.

»Guten Abend, liebes Reh!« Herr Hütchen setzte sich. »Ich bin gespannt, was du heute erlebt hast. Hast du dich beim Uhu entschuldigt, nachdem du gestern Brombeeren in seine Höhle geschossen hast?«

Das Reh winkte ab. »Vergiss den Uhu, den alten Griesgram! Sag mir lieber, wie ich bei dem Krach einschlafen soll!«

Herrn Hütchens Ohren waren nicht ganz so empfindlich wie die des Rehs, trotzdem hörte er ein »Krsch! Krsch!«. Er schaute aus dem Fenster: Daneben fegte der Waschbär Laub beiseite. Das war laut, denn sein Bau lag direkt nebenan, im Erdgeschoss des alten Baumes. Jetzt, wo er darauf achtete, bemerkte Herr Hütchen weitere Geräusche: Aus dem ersten Stock hallte der Gesang der Nachtigall. Aus dem zweiten Stock kam ein Klopfen, das nur vom Specht stammen konnte: »Tock! Tock!«

»Wir schließen erst einmal das Fenster.« Herr Hütchen zog die Blätter vor die Öffnung zwischen den Zweigen. Das Reh rollte sich zusammen und schloss die Augen, weil es sich so besser erinnern konnte. Es begann von seinem Tag zu erzählen: Wie es den Uhu besucht hatte, um sich für gestern zu entschuldigen. Dass der Uhu aber immer noch sauer gewesen war. Dass es am Bach eine wilde Wasserschlacht mit dem Bären und der Hummel veranstaltet hatte. Und dass es zum Mittagessen Tannentriebe geknabbert hatte. In seiner Fantasie sah das Reh die grünen Triebe vor sich. Sie waren so saftig, dass es wieder Hunger bekam.

Doch plötzlich raschelten die Triebe wie trockenes Laub – »Krsch! Krsch!« – und klopften sogar – »Tock! Tock!«.

Das Reh riss die Augen auf. »Es ist zu laut!«, rief es. »So kann ich nicht schlafen!«

Herr Hütchen verstand. Wenn Klickklacks Uhrwerk frisch gereinigt war, tickte es laut. Dann fand Herr Hütchen es auch schwer, einzuschlafen. »Ich spreche mal mit den Nachbarn.« Er nahm die Glockenblume und ging hinaus.

Am Fuße des Baumes traf er den Waschbären.

»Hallo, Waschbär!«, grüßte er ihn. »Das Fegen ist sehr laut, kannst du bitte aufhören, damit das Reh einschlafen kann?«

»Leider nein! Sonst weht der Wind die Blätter in meinen Bau.« Der Waschbär zeigte auf den Eingang neben dem Baum.

Herr Hütchen überlegte. »Kannst du vielleicht leise fegen?«

Der Waschbär probierte es aus und fegte, ohne den Waldboden zu berühren. Jetzt machte der Besen überhaupt kein Geräusch, doch das Laub flog immer noch umher. »So wird das kein Haufen«, sagte der Waschbär. »Leise fegen geht nicht.«

Er fegte weiter wie zuvor, und der Besen strich mit lautem »Krsch! Krsch!« über den Boden.

Das Eichelmännchen stieg in den ersten Stock. Die Nachtigall stand auf einem Ast und sang mit weit geöffnetem Schnabel.

»Hallo, Nachtigall«, grüßte Herr Hütchen.

Die Nachtigall war so vertieft in ihr Lied, dass sie ihn

nicht bemerkte. Herr Hütchen bimmelte laut mit der Glockenblume. Die Nachtigall verstummte und fuhr herum.

»Oh, Herr Hütchen! Ich habe dich gar nicht kommen hören. Ist etwa schon Schlafenszeit?«

»Nein, für dich noch nicht. Aber das Reh kann nicht einschlafen, weil es so laut ist. Kannst du vielleicht am Tag weitersingen?«, bat Herr Hütchen.

Die Nachtigall trällerte eine schnelle Tonleiter. »Das tut mir leid für das Reh. Aber ich kann nicht tagsüber singen. Sonst wäre ich ja eine Tagigall!«

Sie öffnete den Schnabel, um ihr Lied fortzusetzen. Herr Hütchen fragte: »Kannst du dann nicht ein bisschen leiser singen?«

»Aber das ist mein Lieblingslied! Lieblingslieder muss man singen so laut man kann!« Sie schmetterte weiter.

Herr Hütchen stieg in den zweiten Stock zum Specht. Der bearbeitete den Baumstamm mit seinem Schnabel, und die Holzspäne flogen zu allen Seiten. Er war fleißig gewesen heute und hatte ein Loch ins Holz gehämmert, das so groß war wie er selbst.

»Hallo, Specht«, sagte Herr Hütchen. »Kannst du eine Pause machen und morgen weiterarbeiten? Das Reh kann nicht einschlafen, weil es hier so laut ist.«

Der Specht brüllte, ohne innezuhalten: »Wie bitte? Ich verstehe dich nicht, es ist so laut hier!«

»Bitte arbeite morgen weiter, damit das Reh einschlafen kann«, rief Herr Hütchen laut.

Der Specht hörte auf, auf den Stamm zu klopfen. »Das würde ich ja gern! Aber bald zieht mein Liebster hier ein, dann muss unsere Höhle fertig sein.«

»Dann klopf doch wenigstens leise weiter«, bat Herr Hütchen.

»Wie stellst du dir das vor?«, rief der Specht und klang, als habe das Eichelmännchen ihm vorgeschlagen, seine Höhle in das Wasser des Baches zu hämmern. »So vielleicht?«

Vorsichtig klopfte er gegen den Stamm, sodass nicht das geringste Geräusch zu hören war. Leider vergrößerte sich auch das Loch nicht, und Späne flogen auch keine. »Leise klopfen heißt gar nicht klopfen.« Damit drehte er sich um und hämmerte weiter.

Herr Hütchen stieg wieder hinab zum Reh und begann mit dem Gutenachtlied. Er sang so laut er konnte, um die Geräusche aus dem Baum zu übertönen.

»Guten Abend, gut' Nacht!
Nur Herr Hütchen, der wacht …«

Das Reh zuckte mit den Ohren.
»Hat dein Lied einen neuen Text?
Du hast gesungen: ›Nur Herr Hütchen, der quakt‹!«

»Ich quake nicht. Ich bin ja nicht der Frosch«, sagte Herr Hütchen.

So wird das nichts, dachte er bei sich. *Auch das müdeste Reh kann nicht einschlafen bei einem Geräuschekonzert neben dem Schlafzimmer.*

Geräuschekonzert? Herr Hütchen sprang auf! »Leg dich schon mal hin!«, rief er dem Reh zu und verließ hastig die Schlafhöhle. Er rannte zum Waschbären und sprach mit ihm. Er rannte den Baum hinauf, hielt im ersten Stock bei der Nachtigall und noch einmal im zweiten beim Specht.

Als er wieder herunterkam, war er außer Puste. »Mach das Fenster auf!«, rief er dem Reh zu und holte Luft. »Und deine Ohren!«

Das Reh hatte keine Ahnung, was das sollte, schob aber trotzdem die Sträucher beiseite. Es legte sich wieder hin, während Herr Hütchen sich aus dem Fenster beugte. Er klopfte kräftig gegen den alten Baum und rief: »Zwei, drei, vier …!«

Nach »vier« begann er sein Gutenachtlied zu singen. Doch er sang es nicht allein: Die Nachbarn des Rehs machten Musik dazu. Der Specht klopfte mit dem Schnabel den

Rhythmus in den Stamm, dass die Holzspäne flogen. Die Nachtigall zwitscherte das Gutenachtlied, das nun zweistimmig erklang. Der Waschbär raschelte im Takt mit den Blättern.

Das Reh war entzückt, denn so hatte es das Lied noch nie gehört. »Ein Gutenacht-Orchester!«, sagte es. Es kuschelte sich tiefer in sein Bett und lauschte fasziniert. Das war das schönste Konzert, das es je erlebt hatte.

Schließlich schlief das Reh ein, und Herr Hütchen machte sich wieder auf den Weg. Die Nachtigall, der Specht und der Waschbär spielten weiter und wurden bald im ganzen Wald bekannt als das »Gutenacht-Orchester«. Aber das ist eine andere Geschichte.

Kapitel 12

Die Was-passiert-dann-Maschine

Herr Hütchen lag in seiner Hängematte und wartete, dass er einschlief. Er hatte alle Tiere ins Bett gebracht und seine Arbeit beendet. Draußen wurde es hell.

Er drehte sich nach rechts, wo der Sitzsack neben dem Bücherregal stand. Darüber hatte er eine Schienenstrecke aus Grashalmen verlegt, die bis auf den Boden führte. Herr Hütchen verfolgte den Schienenverlauf mit den Augen. Er endete an mehreren Holzscheiten, die in einer langen Reihe hintereinander aufgestellt waren.

Er schloss die Augen.

Er wartete. Normalerweise turnten kurz vorm Einschlafen hinter den geschlossenen Augen noch ein Weilchen bunte Farbflecken. Dann überkam ihn ein Gefühl, als würde er davonschweben, und danach schlief er ein. Heute jedoch geschah nichts dergleichen. Seine Augen sprangen immer wieder auf!

Sie wanderten zu seinem Bauwerk. Die Holzscheite führten in einer Schlangenlinie bis zur Gießkanne. Herr Hütchen drehte sich in der Hängematte um und blickte auf die Gießkanne mit der Wippe dahinter. Auf die war er besonders stolz: ein Holzbrett, das auf und ab wippte, weil er es auf einen abgesägten Birkenstamm gelegt hatte. Hinter der Wippe hing ein Regal mit einem kugelrunden Stein darauf. Wenn er das richtig bemessen hatte, dann …

»Hör besser auf, in der Hängematte herumzuzappeln.« Der Weckkäfer Klickklack landete neben ihm. »Wenn du jetzt nicht schläfst, wirst du heute Abend nicht ausgeruht sein, wenn ich dich wecke. Vielleicht verschläfst du!« Er deutete auf sein Zifferblatt, als sei das bereits geschehen.

»Du hast ja recht«, sagte Herr Hütchen und seufzte. »Aber ich kann einfach nicht aufhören, über meine Erfindung nachzudenken.«

»Du musst dich eben anstrengen«, sagte Klickklack. »Dann schläfst du auch ein.«

Herr Hütchen kniff die Augen zu. Er zog sogar das Eichelhütchen darüber, das er immer auf dem Kopf trug. Im nächsten Moment sprangen die Augen wieder auf und blickten in das dämmerige Innere des Eichelhütchens. Er dachte an den kugelrunden Stein, der über das Regal rollen

und auf dem Löffel darunter landen würde. Der würde, wenn alles klappte, hochschnellen und eine Kastanie bis an die Decke der Wohnung schießen. *Aber wie geht es dann weiter?*, grübelte Herr Hütchen. *Ich bräuchte einen Fallschirm …*

Es juckte ihn unter dem Hütchen wie immer, wenn er einen Einfall hatte. Er schob das Hütchen zurück an seinen Platz und kletterte aus der Hängematte.

»He!«, meckerte Klickklack. »Es ist Schlafenszeit!« Er betonte jede Silbe, da Herr Hütchen offenbar vergessen hatte, was das bedeutete.

»Aber ich habe *die* Lösung für die letzte Station meiner Was-passiert-dann-Maschine.«

»Was-passiert- … hä?« Von einer Was-passiert-dann-Maschine hatte der Weckkäfer noch nie gehört.

»Das ist eine Maschine, in der viele Sachen nacheinander passieren«, erklärte Herr Hütchen. »Jede Sache löst eine neue aus.«

Die Idee hatte er gehabt, nachdem er am Ende der Nacht nach Hause gekommen war. Wie immer hatte er sich vorm Schlafengehen einen Tee kochen wollen. Dabei hatte er aus Versehen die Dose mit den getrockneten Blaubeeren umgestoßen. Die Beeren waren zum Ende des Küchenregals gekullert, hinuntergefallen und im Wasserbecken gelandet, das darunter stand. Darin wohnten zwei erkältete Kaulquappen, die Herr Hütchen aus dem Teich geholt hatte, um sie gesund zu pflegen. Die Kaulquappen hatten die Beeren hinausgeschossen, die im hohen Bogen in Herrn Hütchens Teebecher geflogen waren.

Das hatte ihn auf die Idee gebracht: Wenn es eine Maschine gäbe, die alles automatisch machte, bräuchte er seinen Tee nicht selbst zu kochen. Also hatte er Baumaterial gesammelt, getüftelt, geprüft. Schließlich war Schlafenszeit gewesen, obwohl die Was-passiert-dann-Maschine noch nicht fertig war.

»Und jetzt ist mir *die* Lösung eingefallen!«, rief Herr Hütchen.

Klickklack brummte ungehalten: »Wenn du jetzt nicht schläfst, wirst du heute Abend bärenmüde sein. Wie willst du die Tiere ins Bett bringen, wenn du nicht ausgeschlafen bist? Am Ende schläfst du beim Wildschwein im Schlamm ein.«

Wenn einem einfällt, was bei einer Was-passiert-dann-Maschine als Nächstes geschieht, kann man nicht einfach so schlafen gehen. Daran ändert auch ein schimpfender Weckkäfer nichts.

Herr Hütchen holte von draußen ein Blatt von der Größe seines Sitzsacks. Er stellte die Leiter auf, stieg zur Eichendecke hinauf und hantierte dort oben mit dem Blatt herum.

Klickklack motzte weiter: »Das funktioniert doch niemals! Du solltest lieber schlafen.«

Als Herr Hütchen fertig war, stellte er sich an den Startpunkt der Maschine: die Schienenstrecke aus

Grashalmen. In der Hand hielt er eine Mistkäferkugel, die er auf die Grasschienen setzte.

»Auf die Schienen, fertig, …« Bei »Loooooos!« ließ er die Mistkäferkugel los. Sie rollte auf den Schienen vom Regal herunter und über den Sitzsack, wurde immer schneller und stieß gegen das erste Holzscheit. Eines nach dem anderen purzelte mit einem »Klack!« um: »Klack!«, »Klack!«, »Klack!«, … siebzehnmal. Das letzte prallte gegen die Gießkanne, die ins Wanken geriet. Ein ordentlicher Schluck Wasser schwappte heraus in ein Schälchen, das auf der Wippe stand. Das Schälchen wurde durch das Wasser schwerer und drückte die Wippe nach unten. Das andere Ende bewegte sich nach oben und schubste den kugelrunden Stein auf dem Regal an. Er rollte das Regal entlang und plumpste am Ende herunter auf den Löffel. Das eine Ende des Löffels wurde heruntergedrückt, das andere schnellte hoch und schoss eine Kastanie in die Höhe. Die Kastanie flog gegen die Lampe, auf der ein weiterer Stein lag. Der plumpste herunter – und was nun kam, gefiel dem Eichelmännchen ausgesprochen gut:

Der Stein hing an einem Blatt, das

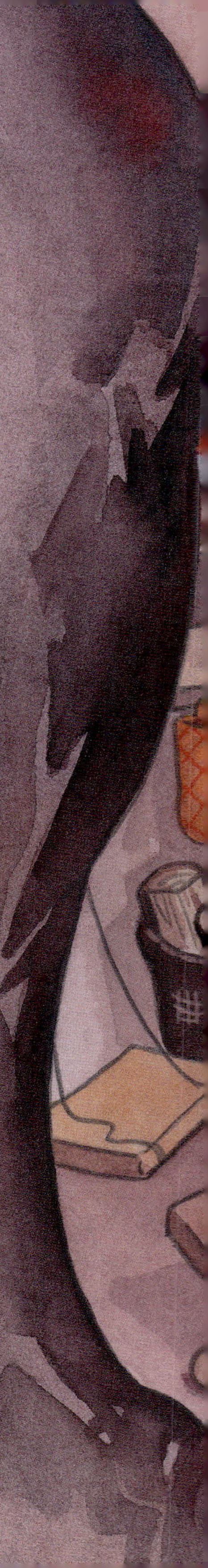

sich ausbreitete wie ein Fallschirm. So trudelte der Stein langsam nach unten, und auf dem Weg passierte zweierlei: Als Erstes warf der Fallschirm die Beerendose um. Die Beeren kullerten zu den Kaulquappen, die sie zielsicher in den Teebecher beförderten (sie hatten mittlerweile Übung). Als Zweites setzte der Fallschirm das Wasserrad am Fenster in Gang, das Regenwasser in die Wohnung transportierte. Es lief in den Wasserkessel, den Herr Hütchen auf eine Art Rutsche gestellt hatte. Als er voll war, rutschte er auf den Herd, der es erhitzte. Herr Hütchen und Klickklack hatten die Augen gespannt auf den Kessel gerichtet. Als das Wasser kochte, pfiff er schrill.

Herr Hütchen nahm den Kessel vom Herd und goss das heiße Wasser über die getrockneten Beeren. »Teezeit!«

Klickklack flog auf die Lampe an der Decke. Der Duft der Blaubeeren zog bis nach dort oben. »Reine Zeitverschwendung«, meckerte er. »Es wäre viel schneller gegangen, wenn du den Tee ohne die Maschine gekocht hättest.«

Herr Hütchen pustete in den Becher. »Ich wollte nicht, dass es schnell geht. Ich wollte, dass es Spaß macht!«

Er überprüfte jede Station der Was-passiert-dann-Maschine noch einmal. Dabei trank er den Tee, der süß und fruchtig schmeckte. Dann musste er gähnen. Und wieder. Er konnte gar nicht mehr aufhören.

Herr Hütchen legte sich in die Hängematte und sank ins Kuschelkissen. Er machte die Augen zu.

»Na endlich«, brummte Klickklack. Er kam heruntergeflogen und zog die Decke über das Eichelmännchen, das bereits eingeschlafen war. »Schlaf gut, Herr Hütchen!«

Katrin Pokahr hat einen Balkon, auf dem neben Tomaten und einem Apfelbaum auch eine Eiche wächst, die jedes Jahr Eicheln trägt. Ob aus einer davon schon mal ein Eichelmännchen gewachsen ist, bleibt ihr Geheimnis. Sie lebt mit ihrer Familie in Köln, arbeitet als Kinderbuchautorin und überlegt immer noch, wie sie Lesungen aus diesem Gutenachtgeschichten-Buch halten soll, ohne dass das Publikum einschläft. Mehr unter https://katrinpokahr.de

Barbara Scholz, 1969 in Herford geboren, machte zunächst eine Ausbildung zur Druckvorlagenherstellerin. Anschließend studierte sie in Münster Grafik Design mit dem Schwerpunkt Illustration. Seit 1999 arbeitet sie als freie Illustratorin für verschiedene Verlage und wohnt im schönen Rheinland.

Bastele deine eigenen Eichelmännchen!

Hast du Lust, diese niedlichen Eichelmännchen zu basteln? Dann sammele ein paar Eicheln mit Hütchen, und los geht's.
Die Anleitung und ein Video dazu findest du auf Baumhausbande.com oder hier: